IRASUTO-BAN KODOMO NO ANGA MANEJIMENTO - IKARI O KONTORORU SURU 43 NO SUKIRU
written by SHINO Maki, NAGANAWA Fumiko,
supervised by JAPAN ANGER MANAGEMENT ASSOCIATION
Illustrations by ISHII Yuki
Copyright ⓒ 2015 JAPAN ANGER MANAGEMENT ASSOCIATION
All rights reserved.
Originally published in Japan by GODO SHUPPAN LTD., Tokyo.
Korean translation rights arranged with GODO SHUPPAN LTD., Japan
through THE SAKAI AGENCY and ERIC YANG AGENCY.

이 책의 한국어판 저작권은 에릭양에이전시를 통한 저작권사와의 독점 계약으로 뜨인돌출판(주)에 있습니다.
저작권법에 의해 한국 내에서 보호를 받는 저작물이므로 무단전재와 무단복제를 금합니다.

화 잘 내는 법

초판 1쇄 펴냄 2017년 10월 31일
　　20쇄 펴냄 2024년 10월 28일

글 시노 마키, 나가나와 후미코
감수 일본 앵거 매니지먼트 협회
그림 이시이 유키
옮김 김신혜

펴낸이 고영은 박미숙 | 펴낸곳 뜨인돌출판(주)
출판등록 1994.10.11.(제406-251002011000185호)
주소 10881 경기도 파주시 회동길 337-9
홈페이지 www.ddstone.com | 블로그 blog.naver.com/ddstone1994
페이스북 www.facebook.com/ddstone1994 | 인스타그램 @ddstone_books
대표전화 02-337-5252 | 팩스 031-947-5868

ISBN 978-89-5807-664-3 73180

어린이제품안전특별법에 의한 제품표시
제조자명 뜨인돌출판(주) **제조국명** 대한민국 **사용연령** 8세 이상

화 잘 내는 법

참지 말고 울지 말고 똑똑하게 화내자

시노 마키, 나가나와 후미코 글 | 이시이 유키 그림 | 김신혜 옮김

뜨인돌어린이

이 책을 읽는 친구들에게

너희가 지금 어떤 기분으로 이 책을 손에 들었을까?

어른들과 잘 지내지 못해서? 엄마 아빠나 선생님한테 혼나고 괴로워서? 누군가 읽으라고 해서 이 책을 집어 든 친구도 있겠지.

사실 '화' 때문에 힘들어하는 사람이 우리 주변에 굉장히 많아. 많은 어른들이 어릴 때 '화와 사귀는 법'을 배우지 못했거든.

화를 잘못 내면 어떻게 될까? 친구에게 상처를 주고, 반 아이들과 사이좋게 지내지 못하고, 선생님과 주위의 어른들을 곤란하게 만들고……. 여러 가지 후회할 일들이 생겨. 그래서 어떤 이유로 이 책을 손에 들었든 너희가 이 기회에 꼭 '화를 똑똑하게 잘 내는 법'을 배웠으면 좋겠어.

이 책은 여섯 개의 장으로 되어 있어

1장에서는 화가 무엇인지, 무엇이 화를 내게 하는지 등 '화'에 대한 이야기를 할 거야. '화'는 때때로 갑자기 찾아와서 너희를 지배하는 아주 강한 감정이란다. 떠올리는 것만으로도 화가 치밀어 오르거나 두 번 다시 떠올리고 싶지 않은 일들이 너희에게도 있을 거야. 하지만 안심해도 돼. '화'를 잘 알게 되면 잘못된 방법으로 화를 표출하거나 화에 지배당하지 않을 테니까.

2~5장에서는 너희 또래 친구들이 화가 날 만한 상황들이 다양하게 나와. 친구들의 이야기를 읽고, 다음 페이지의 '연습'과 '도전'을 따라해 봐.

상 ★★★ 중 ★★ 하 ★

　각 상황은 난이도에 따라 세 단계로 나눴어. 4장에서 배우는 '화 잘 내는 법'은 진짜로 도움이 되니까 확실히 익혀 두자.

　6장은 이 책의 내용을 총 정리한 거야. 이 책을 읽고 너희가 얼마나 잘 이해했는지, 또 앞으로 생활 속에서 '화 잘 내는 법'을 얼마나 잘 실천할 수 있을지를 시험해 보자. 화를 조절하면 자기 자신의 기분을 잘 이해할 수 있어. 그러면 친구 사이에서 어려운 일이 생겨도 무엇을 해야 할지를 잘 선택하고 현명하게 대처할 수 있게 돼. 그건 정말 멋진 일이란다.

가장 중요한 것은……

　이 책을 읽고 나서 배운 내용들을 꾸준히 실천해 나가는 거야. 짜증이 날 때도, 화가 나서 마음이 동요할 때도 힘을 내서 계속 실천했으면 해. '화 잘 내는 법'은 운동이나 피아노 연습처럼 매일 조금씩 반복하면서 몸에 익히는 기술이기 때문이야. 너희가 중학생이나 고등학생이 되었을 때, 또 어른이 되어서도 이 기술을 몸에 익혀 둬서 참 다행이라고 생각할 날이 올 거야. 결코 화를 내서는 안 된다는 게 아니고, '화'에 지배당하는 일 없이 다른 사람에게 분풀이하지 않는 삶을 살아갈 수 있다는 뜻이지.

　너희가 '화 잘 내는 법'을 계속 실천해 나가는 동안, 주위 사람들에게도 이 방법이 퍼지기를 바라며, 응원할게!

시노 마키 & 나가나와 후미코

추천하는 글

　잘 살기 위해서는 여러 기술을 배워야 한다. 인생이란 것이 무엇이든 쉽게 얻기보다는 오히려 잃는 경우가 더 많고, 사람마다 생각이 달라 내 마음처럼 다른 사람들이 말하고 행동해 주지도 않는다. 그러므로 사는 내내 이런 저런 풍파들을 만날 때마다 발생하는 감정을 조절하는 기술들이 꼭 필요하다.
　그중에서도 가장 중요하고 큰 힘을 갖는 것이 '화'를 다스리는 방법일 것이다. 하지만 우리는 화를 다스리는 법에 대해서 학교에서도, 어떤 어른들에게서도 제대로 배워 본 적이 없다. 화는 상황이나 자극에 의해 자연스럽게 발현되는 감정의 일종이지만, 기쁨이나 슬픔처럼 당연한 것으로 인정받지 못했기 때문이다.
　'화'는 원하는 것을 얻을 수 없을 때 누구에게나 생기는 감정이다. 화를 제대로 내지 못한다는 말은 화를 적절하게 다스리지 못한다는 말과 같은데, 그럴 때 가장 많이 가장 크게 피해를 보는 사람은 화를 내는 사람 자신이다. 물론 그 사람과 가까운 사람들도 불똥을 피하기 어렵다. 반면, 화를 잘 다스리는 사람은 상황 파악을 잘하는 사람이며, 어려운 상황에도 잘 대처하고 주도할 수 있는 힘을 가진 사람이다. 화에 대해 정확하게 이해하고 적절하게 대처할 수 있는 기술을 잘 연마해 둔다면 '화'라는 감정 또한 살아가는 데 있어 유용한 기술이 될 수 있다. 필요할 때 적절하게 화를 표현할 줄 아는 사람을 소위 '카리스마 있다'고 하는 것만 봐도 알 수 있다.

 이 책은 일상에서 자주 마주치는 '화'에 대해 바르게 이해하도록 돕고, 화를 잘 다스릴 수 있는 기술들을 가르쳐 준다. 이 책의 대상이 초등학생이라는 점이 무척 다행스럽다. 가정을 벗어나 사회에 속하게 된 아이들은 이전보다 다양한 사람들과 관계를 형성하며 혼란과 가치관의 변화를 경험한다. 감정 표출도 새롭게 해야만 하는 시기이니 이 책이 도움이 될 것이다.

 무엇보다 중요한 것은 이 책을 아이들에게 권하는 부모님들 역시 화에 대해 이해하고 대처할 수 있도록 새롭게 배울 기회를 가지는 것이다. 아이들에게 아무리 좋은 기술을 가르쳐도 부모가 여전히 잘못된 방식으로 화를 낸다면 자녀들에게 오히려 혼란을 줄 수 있다는 점을 기억해야 한다. 모쪼록 이 책이 삶을 잘 가꿔 나가려는 어린이와 부모님들에게 힘이 되기를 바란다.

정신과 전문의 김형섭

- 이 책을 읽는 친구들에게 … 4
- 추천하는 글 … 6

❶ 화가 무엇인지 알기

1. 따끔따끔 화가 무엇일까요? … 16
2. 화내는 게 꼭 나쁜 일은 아니에요 … 18
3. 이런 화는 문제가 되어요 … 20
4. 화는 이런 특성을 지녔어요 … 22
5. 화가 나기까지의 과정은 이래요 … 24
6. 화를 조절하는 건 자기 자신이에요 … 26
★ 똑똑하게 화내기 – 화를 표현하는 말 … 28

❷ 충동적으로 화내지 말기

7. 우선 6초 법칙을 기억해요 … 30
8. 친구의 잔꾀에 속았을 때 … 32
9. 놀잇감을 빼앗겼을 때 … 34
10. 회의가 잘 진행되지 않을 때 … 36
11. 줄을 서 있다가 새치기를 당했을 때 … 38
12. 이유 없이 부당한 대우를 받았을 때 … 40
13. 하기 싫은 일을 억지로 떠맡았을 때 … 42
★ 똑똑하게 화내기 –
충동을 조절하는 연습 … 44

❸ 사고방식을 바꿔 보기

14. 내 생각만 고집하면 화의 원인이 되어요 … 46
15. 허용하는 마음을 넓혀요 … 48
16. 싸움이 났을 때 … 50
17. 싫어하는 아이와 짝이 되었을 때 … 52
18. 친구가 갑자기 화를 낼 때 … 54
19. 친구들이 놀이에 끼워 주지 않을 때 … 56
20. 선생님에게 야단맞았을 때 … 58
21. 나만 손해를 보고 있다고 느낄 때 … 60
★ 잠깐! – 화를 기록하자 … 62
★ 똑똑하게 화내기 –
'~여야만 한다' 때문에 화내지 않기 … 64

❹ 화 잘 내는 법 배우기

22. 화낼 때 지켜야 할 세 가지 규칙 … 66
23. 화낼 때 피해야 할 네 가지 금기 … 68
24. 빌려 간 물건을 돌려주지 않을 때 … 70
25. 친구가 자기 뜻대로 나를 움직이려고 할 때 … 72
26. 매번 같은 친구가 피해를 줄 때 … 74
27. 웃음거리가 되었을 때 … 76
28. 친구가 약속을 깼을 때 … 78
29. 친구가 거짓말을 했을 때 … 80
★ **똑똑하게 화내기** – 화낼 때 우리 몸의 반응 … 82

❺ 내 행동을 스스로 결정하기

30. 갈림길에서 어느 쪽을 택할까? ❶ … 84
31. 갈림길에서 어느 쪽을 택할까? ❷ … 86
32. 친구들한테 의심을 받았을 때 … 88
33. 아무리 연습해도 안 되는 일이 있을 때 … 90
34. 선생님이 내 말을 믿어 주지 않을 때 … 92
35. 친구가 내 욕을 하는 것 같을 때 … 94
36. 성적이 생각처럼 오르지 않을 때 … 96
37. 이유는 모르지만 짜증이 치밀어 오를 때 … 98
★ **똑똑하게 화내기** – 화낼 때 단계별로 취하는 태도 … 100

❻ 화 잘 내는 법 총 정리하기

38. 화날 때 쓰는 내 나름의 방법 … 102
39. 기분을 안정시키는 물건들 … 104
40. 감정을 나타내는 말들 … 106
41. 화내서 후회한 일들 … 108
42. 화내서 잘 풀린 일들 … 110
43. 화 잘 내는 법 퀴즈 … 112

• 이 책을 함께 읽는 부모님이나 선생님에게 … 114
• 각 장의 과제 및 목적 … 116

화를 얼마나 잘 알고 있니?

다음 질문에 예, 아니오로 답해 보자

❶ 화내는 것은 나쁜 일이다.   예,   아니오

❷ 쉽게 짜증을 내는 것은 병이다.   예,   아니오

❸ 화는 갑자기 폭발한다.   예,   아니오

❹ 보통 가까운 사람보다는 잘 모르는 사람에게 더 크게 화를 낸다.   예,   아니오

❺ 화는 마음에 계속 남지 않는다.   예,   아니오

❻ 화났을 때 큰 소리를 내야 내 생각이 상대방에게 더 잘 전달된다.   예,   아니오

❼ 사람들 앞에서 화를 내서는 안 된다.   예,   아니오

❽ 화는 눈에 보이지 않는 감정이다.   예,   아니오

❾ 화는 강하게 내는 게 좋다.   예,   아니오

❿ 화는 조절할 수 없다.   예,   아니오

어떠니?

사실 답은 다 '아니오'야.

❶ 감정에 좋고 나쁨은 없어. 화내는 게 꼭 나쁜 일은 아니야.

❷ 짜증은 자연스러운 감정이고 누구나 짜증이 날 수 있어.

❸ 화는 갑자기 폭발하지 않아. '불안'이나 '슬픔' 같은 1차 감정이 마그마처럼 차오르다가 마침내 화산처럼 폭발해 버리지.

❹ 화는 가족이나 친구처럼 가까운 사람에게 더 강하게 나타나.

❺ 화는 계속 남을 수도 있어. 원망하는 마음이 그래.

❻ 큰 소리로 화를 내면 오히려 상대방이 도망치거나 이야기를 들으려 하지 않아서 전하고 싶은 내용이 잘 전달되지 않을 수도 있어.

❼ 상처를 받았을 때는 자기 자신을 지키기 위해서 사람들 앞에서 화를 내도 돼. 다만, 후회하지 않을 방법으로 하자.

❽ 화는 눈에 보이지 않는다고들 생각하지만, 화가 어느 정도 크기이고 어떤 종류의 화인지를 눈에 보이게 만들 수 있어.

❾ 화를 강하게 폭발시킨다고 해서 진심으로 이해받고 싶은 내용이 더 잘 전해지지는 않아.

❿ 화는 스스로 조절할 수 있어. 그게 바로 이 책에서 알려 주고자 하는 내용이야.

잘못 알고 있는 '화'를 다시 배우자.

나는 화를 잘 내고 있을까?

> 다음 질문에 예, 아니오로 답해 보자

① 평소대로 행동해도 화내고 있다는 말을 듣거나 상대방이 내게 화를 낸다.   예.   아니오

② 화를 낸 적도 없고 화나는 감정을 잘 모르겠다.   예.   아니오

③ 어른들만 화를 내도 된다고 생각한다.   예.   아니오

④ 한번 화가 나면 좀처럼 가라앉지 않는다.   예.   아니오

⑤ 화를 내면 점점 더 화가 커진다.   예.   아니오

⑥ 화가 나면 사람을 때리거나 물건을 발로 찬다.   예.   아니오

⑦ 화를 내면 항상 싸우게 된다.   예.   아니오

⑧ 화를 내면 심장이 두근거리고 가슴에 통증이 느껴진다.   예.   아니오

⑨ 화를 내면 순간 확 피곤해진다.   예.   아니오

⑩ 화를 내면 좋을 게 없다.   예.   아니오

어떠니? '예'가 하나라도 있으면
'화 잘 내는 법'이 필요하다는 뜻이야.

❶ 평소와 다를 바가 없는데도 화내고 있다는 말을 듣는 것은 어쩌면 나의 의사를 전달하는 방식에 문제가 있을지도 몰라. 평소 말투를 되돌아보자.

❷ 화도 중요한 감정 가운데 하나야. 화는 사라지지 않지만, 스스로 잘 알아차리지 못하는 경우도 있어. 나에게 다양한 감정이 있다는 것을 배워 보자.

❸ 아이나 어른이나 느끼는 기분에 차이는 없어. 다시 말하지만 화내는 것은 나쁜 일이 아니야. 오히려 계속 화를 참다 보면 언젠가는 갑자기 폭발해 버리니까 조심하자.

❹ 화가 좀처럼 가라앉지 않을 때는 분명히 상대에게 전해지지 않은 뭔가가 내 속에 남아 있는 거야. 그런 때는 화의 밑바닥에 무엇이 숨어 있는지를 살펴보자.

❺ 화가 점점 커지면 자기 자신도 주변 사람도 당황하게 돼. 화가 커지지 않도록 조절하는 법을 배우자.

❻ 화를 낼 때는 '다른 사람에게 상처 입히지 않는다' '자신에게 상처 입히지 않는다' '물건을 부수지 않는다'는 규칙을 지켜야 해. 사람이나 물건을 때리거나 발로 차는 것은 좋지 않아.

❼ 순간적으로 말을 받아치면 화가 싸움으로 번지게 돼. 곧바로 반박하지 않는 법을 익히자.

❽ 화를 내면 몸에도 보통 때와 다른 변화가 일어나. 어떤 변화인지 이 책에서 배워 보자.

❾ 화는 정말 강한 힘을 지녔어. 그래서 잘 조절하는 방법을 익혀야 해.

❿ 모든 감정은 다 소중해. 화는 자신을 지키기 위한 것이지만, 화를 내도 좋은 결과로 이어지지 않았다면 화내는 방법을 바꿔 보자. 화를 잘 표현하는 방법을 배우자.

'화 잘 내는 법'을 익히면 화와 잘 지낼 수 있어.

1 화가 무엇인지 알기

1 따끔따끔 화가 무엇일까요?

1 화는 소중한 감정 가운데 하나예요

화를 버럭 내고 나서 "아, 내가 너무 심한 말을 했나 봐. 싸움을 해 버렸네" 하고 후회하고 반성한 적이 있니? 그럴 때면 '화'라는 감정 같은 건 아예 없었으면 좋겠다고 여길지도 몰라. 하지만 '화'는 우리가 없앨 수도 지울 수도 없어.

'화'는 '기쁘다, 즐겁다, 괴롭다, 슬프다'와 마찬가지로 **우리 마음속에 있는 소중한 감정**이야. 화에 대해 부모님이나 선생님, 친구들이랑 얘기할 일이 별로 없어서 이런 사실을 잘 모를 뿐이지.

화를 참거나 덮어 버릴 게 아니라 어떤 것인지 한번 알아보자. **화의 특성을 알면** '화'라는 감정과 친하게 지낼 수 있어. '화'는 나 자신이나 상대방을 상처 입힐 수도 있는 강력한 것이야. 그래서 다루는 데 세심한 주의가 필요하단다.

② 내 안에 있는 화를 인정해요

화가 나는 데에는 분명히 어떤 이유가 있어. 예를 들어 친구한테 욕을 들었거나 따돌림을 당했다고 생각해 보자. '왜? 어째서?'라는 의문이 들겠지? 주변 사람들이 내 마음을 몰라주거나 당연히 잘될 거라고 생각한 일이 생각대로 풀리지 않으면 초조하고 화가 나지 않아? 싫은 일을 당했을 때는 어떤 기분이었니? 그때 사람들이 네게 어떻게 해 주면 좋았을까? 화에 대해서 이런 식으로 차근차근 떠올려 보자. 분한 나머지 화를 "펑!" 폭발시키지 않고 자기 감정을 차분하게 이야기하는 게 중요해.

③ 화는 조절할 수 있어요

주변을 한번 돌아봐. 큰 소리로 고함치거나 항상 뾰로통한 사람 없니? 응? 그게 너라고? 사실 화를 내는 방식은 부모님이나 가까운 누군가의 흉내를 내고 있는 경우가 많아. 화내는 방식에 문제가 있다면 그렇게 배워 왔기 때문이지.

화를 잘 내는 성격을 가졌다고 스스로 여겨도 괜찮아. 걸핏하면 화내는 성격이 싫으면 언제라도 바꿀 수 있으니까. 화가 나더라도 화를 표현하는 방식은 스스로 선택할 수 있어. 화를 잘 알고 조절해서 표출하도록 하자. 그게 바로 '화 잘 내는 법'이야.

 # 화내는 게 꼭 나쁜 일은 아니에요

1 화를 조심해서 다루어요

　모든 감정은 소중해. 좋고 나쁜 건 없어. 하지만 화가 나서 상대방에게 심한 말을 하거나 스스로 마음이 상하는 나쁜 경험을 하고 나면 '화내는 것=나쁜 일'이라고 생각하게 돼. 화를 내면 가슴이 두근거리거나 열이 나는 등 평소와는 다른 변화도 생겨. 그건 별로 좋지 않지?

　그런데 화를 참으면 오히려 불만이 쌓여서 더 큰 화가 되기도 해. 그러다가 어느날 "펑!" 하고 폭발하는 수가 있어. **화는 아주 주의해서 다뤄야 해.**

2 화는 자신을 지키기 위한 것이에요

 "화내면 안 돼!" "화내는 건 나빠"란 말을 어릴 때부터 들었거나 심하게 화내서 후회한 적이 있으면 '화'라는 감정을 언짢게 생각하기 쉬워. 하지만 화는 없어서는 안 되고 없앨 수도 없어. **화내고 싶을 때는 화를 내도 되고, 화내지 않아도 될 때에는 화를 내지 않아도 돼.** 화내도 되고, 화내지 않아도 된다고 하니까 놀랍니? 마음이 놓이는 친구도 있을 거야.

 무시당하거나 이유 없이 혼이 났을 때 화가 치미는 것은 당연해. 화는 남을 상처 입히기 위해서가 아니라 **자신을 보호하기 위해 생기는 감정**이니까.

# 이런 화는 문제가 되어요

① 화를 자주 내요 (빈도가 높다)

하루에 혹은 일주일에 몇 번이나 화가 나니? 화내는 횟수가 많을수록 화가 나 있는 시간이 길다는 뜻이야. 그런데 늘 성난 사람이 옆에 있으면 어떨까? 나까지 짜증이 나거나 말을 걸기가 조심스러워지지 않을까?

사실 화는 전염이 돼. 주변으로 확 퍼져 버리지. 늘 화가 나 있는 사람은 자신이 주변으로 화의 씨앗을 뿌리고 있다는 사실을 깨닫도록 하자.

② 화가 계속 나요 (지속되다)

화를 너무 오랫동안 마음에 품고 있으면 움츠러들거나 소극적인 태도를 취하게 돼. 미움이나 원망 때문에 마음이 작아지고 약해지는 거야. 싫은 일을 당하고 화가 났던 기억이 머릿속을 떠나지 않아서 끙끙 앓기라도 하면, 언짢은 기분이 돼서 하루하루를 즐길 수가 없어져.

③ 화를 크게 내요 (강도가 세다)

갖고 싶은 물건을 떼를 써서 사 본 적이 있니? 화를 크게 내서 주변 사람들이 내가 원하는 대로 해 주었다면 아무 때고 화를 크게 낼 테지. 원하는 대로 될 때까지, 마음이 풀릴 때까지 계속 화를 내는 거야.

하지만 이런 식으로 행동하면 점점 다들 나한테 질려서 내 얘기를 들어주지 않고 무시하게 될지도 몰라. 화를 크게 내다가 친구를 잃는 일도 드물지 않아.

④ 화를 터뜨려요 (공격성이 있다)

싸우다가 홧김에 "멍청아!"라고 심하게 말하거나 상대방을 때리거나 물건을 던지거나 되받아서 윽박지른 적이 있니? 가끔 이렇게 화가 마구 치밀어 오를 때가 있기는 해.

하지만 이런 식으로 화를 터뜨리면 사실은 좋은 사이인데도 "다시는 너랑 안 놀아!" "네가 진짜 싫어!" 같은 말로 서로에게 상처를 입히게 돼. 사람이나 물건에 분풀이를 해도 해결되는 건 없어. 화가 나더라도 '상대에게 상처를 주지 않는다, 나 자신에게 상처를 주지 않는다, 물건에 화풀이하지 않는다'는 규칙은 지키도록 하자.

4 화는 이런 특성을 지녔어요

1 화는 2차 감정이에요

1차 감정 → 2차 감정

　마음속에 컵이 하나 있고, 그 안에 괴롭고 고통스럽고 슬프고 쓸쓸하고 언짢은 감정들이 점점 쌓여 간다고 상상해 봐. 컵 안에 쌓인 힘들고 고통스러운 감정을 '1차 감정'이라고 하는데, 이처럼 1차 감정이 쌓이면 결국 '화'라는 감정으로 바뀌어서 마음속 컵이 넘치게 돼. 그래서 화를 '2차 감정'이라고 불러.
　마음속 컵의 크기는 사람마다 모두 달라. 또 마음속 컵에 여유가 있을 때는 안절부절하는 일이 드물지만 컵이 가득 차서 여유가 없을 때는 사소한 일에도 화가 치밀어 오르지.

2 화는 화산처럼 폭발해요

가끔은 화가 폭발해서 소리를 지르거나 주변 사람을 때리고 물건을 던져서 폐를 끼치는 경우도 있어. 물론 이런 행동은 좋지 않지만, 이렇게 **화가 폭발한 이유**를 잘 살펴보았으면 해. 화가 폭발하는 것은 여러 감정이 속에 쌓여서 벌어지는 일이거든. 쌓인 감정이 무엇인지 알고, 그 감정에 다가가면 분노를 폭발시키지 않을 거야.

3 화는 꼬리에 꼬리를 물어요

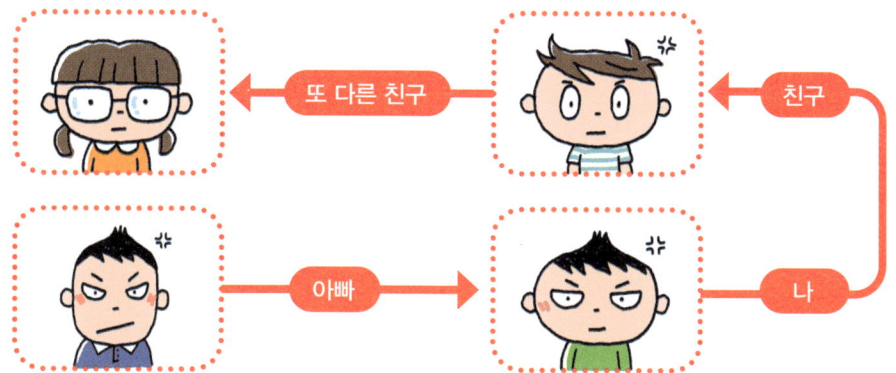

화는 보통 강한 사람에게서 약한 사람에게로 흘러가. 한 친구가 자기보다 약한 친구에게 화를 내면 그 친구는 또 화내기 쉬운 다른 친구에게 화를 내지. 화를 뒤집어썼을 때 다른 누군가에게 다시 화를 내야 속이 풀리는 거야. 화를 어떻게 다루어야 할지 몰라서 이렇게 되지 않도록 누군가는 연결고리를 끊어 버려야 해.

화가 나기까지의 과정은 이래요

화가 생기기까지의 3단계

만약 누군가가 의자를 제자리가 아닌 곳에 두는 바람에 그 의자에 부딪혔다고 생각해 봐. 이때 똑같은 일을 겪고도 화를 내는 사람과 화를 내지 않는 사람이 있어. **'생각하는 방식'**이 다르기 때문이야.

'의자에 부딪혔다'는 사건은 같지만, 생각하는 방식에 따라 반응이 다르다.

생각하는 방식을 돌아보자

교실이 시끄러울 때……

❶ 주위가 시끄러워서 말소리가 들리지 않는다.
❷ 옆사람이 대화하고 있을 때는 조용히 해야 한다.
❸ 조용히 하지 않는 것은 '이상한 일 = 나쁜 일'이다.
❹ 화가 치밀어 오른다.
❺ "시끄러워!"라고 고함을 질렀다.
❻ 갑자기 주변이 조용해졌다.
❼ 나쁜 일이 있을 때는 강하게 말하면 된다고 생각한다.
  → 주위가 시끄러워지면 앞으로도 이런 식으로 고함을 치자.

어떻게 생각하느냐에 따라 화를 낼지, 내지 않을지가 달라져. 만약 화를 쉽게 내는 편이라면 자신이 생각하는 방식을 돌아봐. 화를 조절하는 데에 도움이 될 거야.

화가 순환하는 방식에 적용해서 생각해 보자

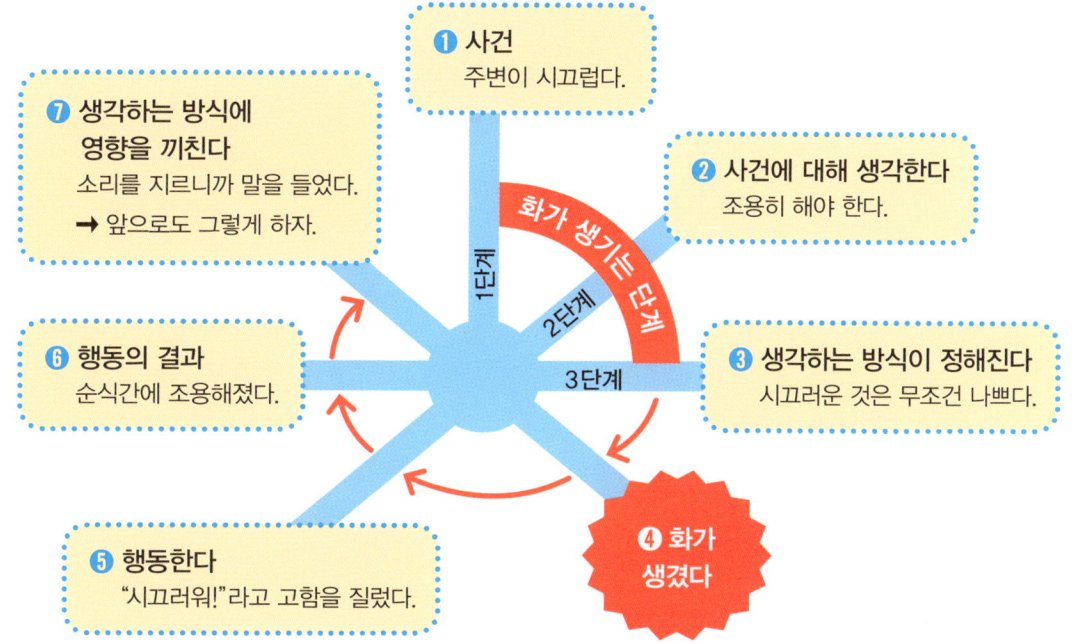

화를 조절하는 건 자기 자신이에요

    생각대로 되지 않아서 화가 나고, 고함을 지르고, 누군가를 때리고, 그러다가 배가 고파서 화가 치밀고……. 화에 지배당하지 않으려면 어떻게 해야 할까? 화를 다른 누군가나 무언가의 탓으로 돌려도 결국 화를 느끼는 것은 자기 자신이야.

    화의 불씨를 키우는 것도 끄는 것도 자기 자신이라는 걸 기억하자. 순간 욱할 때 **'행동을 바꾸는 법'**을 익히면 사람이나 물건에 분풀이를 하지 않고도 화를 낼 수 있어. 앞에서 살펴본 것처럼 '생각하는 방식' 때문에 화를 쉽게 낸다면 그걸 바꾸는 방법을 연습해 보자.

 화났던 일을 떠올리고 다음 표에 적용해 보자

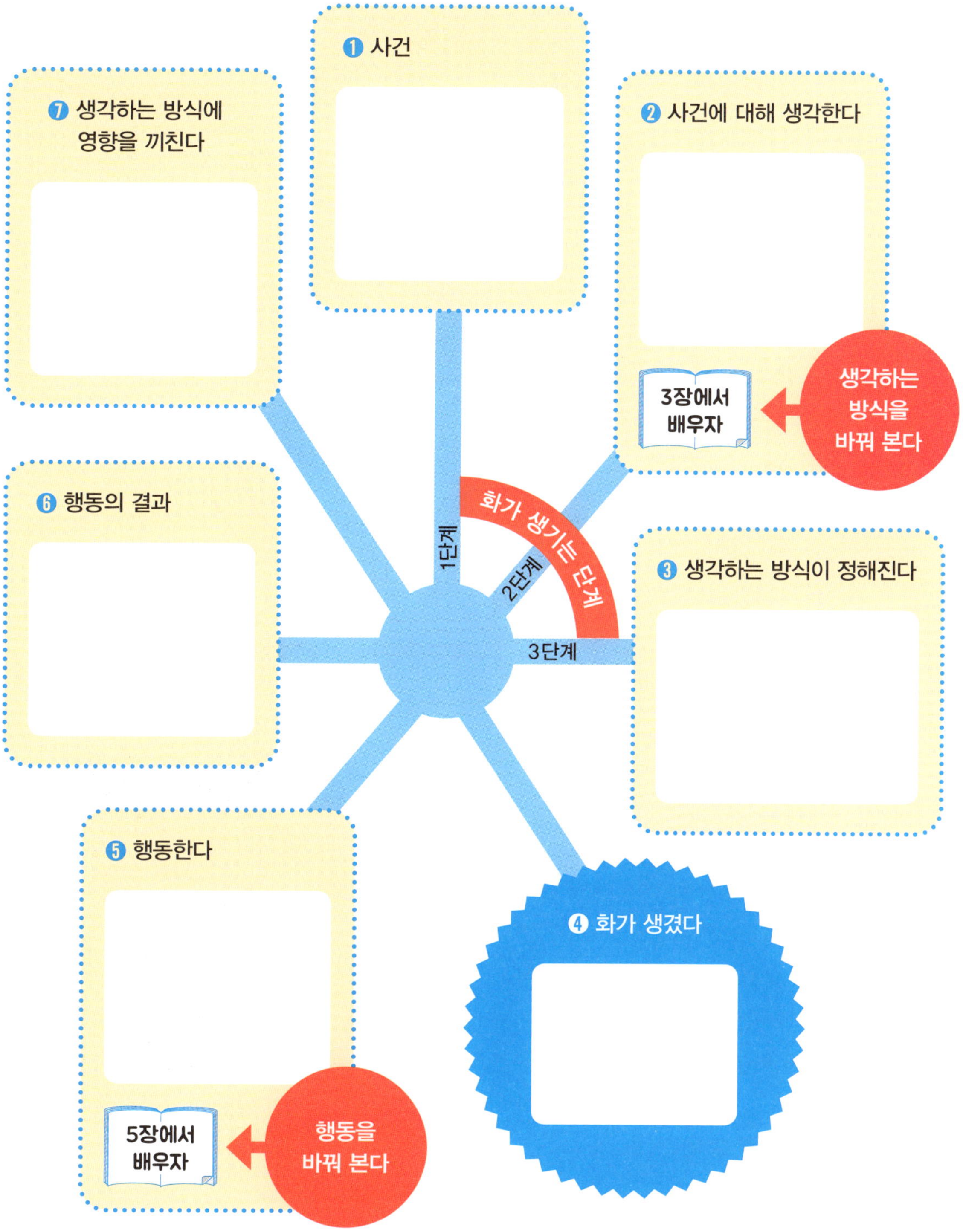

❶ 사건

❷ 사건에 대해 생각한다

❸ 생각하는 방식이 정해진다

❹ 화가 생겼다

❺ 행동한다

❻ 행동의 결과

❼ 생각하는 방식에 영향을 끼친다

1단계
2단계 화가 생기는 단계
3단계

3장에서 배우자 ← 생각하는 방식을 바꿔 본다

5장에서 배우자 ← 행동을 바꿔 본다

똑똑하게 화내기

화를 표현하는 말

화가 났을 때 어떤 말을 사용하니? '멍청이, 까불지 마, 시끄러워, 뭐야!' 같은 말? 만약 그런 말을 내가 듣는다면 어떤 기분이 들지 생각해 보자. 우선 기분이 나빠질 거고, 그 말에 반박하고 싶거나 버럭 화를 낼 것 같지 않니?

그래, 이런 말들은 모두 상대를 비난하는 말이야. 그래서 듣는 사람도 화를 내게 되지. 그러면 대개 싸움으로 번지게 돼. 화를 제대로 표현하는 '바른' 말은 상대를 공격하는 말이 아니라, **지금 내가 어떻게 화가 나 있는지를 표현하는 말**이야. 생각보다 화를 바르게 표현할 수 있는 말이 많아.

화를 표현하는 바른 말

신경에 거슬리다, 화가 치밀어 오르다, 속이 뒤틀리다, 성나다, 울컥, 뿔이 나다, 불쾌하다, 언짢다, 마음에 안 들다, 목소리를 높이다, 부글부글 끓다. 메슥거리다, '흥! 칫!' 소리가 나오다, 울컥하다, 불덩이가 치밀다, 폭발하다, 기분을 잡치다, 뾰로통해지다, 분하다, 핏대를 올리다, 토라지다, 부루퉁해지다, 부아가 치밀다, 얼굴빛이 달라지다, 가시 돋친 소리를 하다.

충동적으로
화내지 말기

우선 6초 법칙을 기억해요

1 화가 높이 치솟기까지는 6초가 걸려요

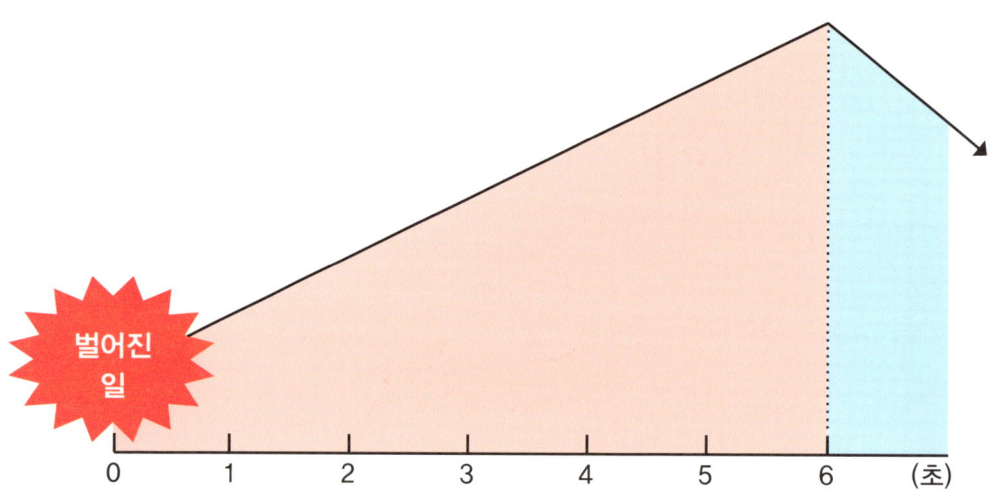

울컥 화가 치밀어 오를 때 바로 받아치거나 보복하면 싸움으로 번지거나 생각지도 않은 방향으로 일이 커질 수 있어.

한번 화가 나면 그 화가 점점 더 커지는 것 같지만, 그렇다고 계속해서 화가 커지지는 않아. 우선 마음속으로 '1, 2, 3, 4, 5, 6……' 하고 세어 보자. '곧바로 반박하지 말고 6초 기다리기'를 규칙으로 삼으면 화가 쉽게 폭발하는 일을 막을 수 있어.

여기서 오해하지 말아야 할 건, 이게 결코 감정을 억누르라는 뜻은 아니라는 거야. 화에 지배당해서 폭발시키지 말고 화를 적절하게 표현하는 방법을 배울 필요가 있다는 거지. 화의 힘이 워낙 강하니까 나 자신이나 주변 사람들이 상처를 입지 않도록 말이야.

2 6초를 이렇게 보내 봐요

다른 일을 하면서 열기를 가라앉히고 **6초 이상**을 기다려 보자.

❶ 수를 세어 본다

순서대로 '1, 2, 3, 4, 5, 6……'을 세어도 되고, '100, 97, 94, 91……' 이런 식으로 100에서 3씩 빼는 식으로 계산하면서 세어도 좋아. 차근차근 수를 세는 일이 **냉정함을 되찾는 데** 도움이 될 거야.

❷ 마음속으로 '멈춰!'라고 외친다

화가 나서 손이 올라가려고 할 때 마음속으로 '**멈춰!**'라고 외쳐서 화가 머릿속에 쌓이는 것을 막아 보자. 머릿속을 비우면 화가 폭발해서 충동적으로 하는 행동이 줄 거야.

❸ 노래를 불러 본다

짧은 노래를 머릿속으로 불러 보는 것만으로도 화를 잠재우는 데에 효과가 있어. 마음에 드는 노래의 후렴구도 좋아. 화가 막 치밀 때 한번 시도해 보자.

친구의 잔꾀에 속았을 때 ★☆☆

가위바위보를 했는데 철수가 늦게 내서 이겼다.
'잔꾀로 이기다니 용서할 수 없어!'라는 생각이 들었다.
그랬더니 화가 치밀어서 발끈했다.

친구의 잔꾀에 속아서 화를 내 버렸구나. 이렇게 발끈하면 생각지도 않게 욕이 나올 때도 있지. 화를 버럭 내고 나서야 '너무 심했나?' 하고 후회한 적이 있다면 잠깐 심호흡을 해 보자.

 ## 심호흡을 하면서 마음을 가라앉혀 보자

화가 나면 우리 몸에서는 어떤 변화가 생길까? 심장이 두근거리거나 호흡이 가빠지지 않니? 그건 혈관과 근육이 수축되어서 몸이 전투태세로 바뀌기 때문이야.

화가 났을 때는 우선 기분을 가라앉혀야 하는데, 가장 간단한 방법은 **심호흡**이야. 코로 천천히 **4초 동안 들이마시고 입으로 6초 동안 내쉬어.** 이때 중요한 건, 숨을 천천히 확실하게 내뱉어야 한다는 거야. 이렇게 하다 보면 점차 긴장이 풀려서 마음이 차분해지는 것을 느낄 수 있어.

감정이 치닫는 데 걸리는 시간이 6초니까 머릿속으로 숫자를 세면서 숨을 내쉬는 것도 좋아.

 ## 숨을 내뱉을 수 있는 놀이나 동작을 해 보자

풍선을 분다

비눗방울을 불어서 날린다

*고무 알레르기가 있는 경우도 있으니 주의하자.

빨대로 숨을 내보낸다

봉투를 불어서 부풀린다

놀잇감을 빼앗겼을 때 ★☆☆

내가 갖고 놀던 건데!

공을 가지고 놀다가 놓쳐서 공이 멀리 굴러가 버렸다. 그때 같은 반 친구 하나가 갑자기 튀어나와서 공을 가로챘다. "내가 갖고 놀던 거야!"라고 말했지만, "네 것도 아니잖아. 모두의 공이지"라며 돌려주지 않았다. 어이가 없다! 내가 가지고 놀던 거잖아. 화가 나서 도무지 마음을 가라앉힐 수가 없다. 아아, 열 받는다.

친구가 공을 가로채서 화가 가라앉지 않는구나. 친구가 그 공을 가지고 즐겁게 노는 모습을 보고 있으면 점점 더 화가 치밀어 오르지. 신경을 다른 곳으로 돌리는 방법을 익혀 두면 이럴 때 유용해.

 ## 한 가지에 집중해 보자

마음을 초조하게 만드는 것에서 다른 데로 주의를 돌리는 방법으로 '**그라운딩**'을 소개할게. 그라운딩은 땅을 뜻하는 그라운드(ground)에서 생겨난 말로 '그 자리에 못박는다'는 의미가 있어.

주변 사물 가운데 무엇이든 좋으니까 **하나를 정해서 관찰**해 보자. 친구가 예쁜 옷을 입고 있다면 옷의 색깔, 모양, 감촉, 두께, 재질 등이 어떤지 살펴보자. 또 길에서 예쁜 고양이를 만났다면 크기, 모양, 눈 색깔 등을 천천히 살펴보자. 그러는 사이에 점차 화가 가라앉는 게 느껴질 거야.

 ## 그라운딩을 직접 해 보자

화가 나서 마음이 가라앉지 않을 때 한 대상에 집중하여 관찰해 보자.

- 관찰 대상(사람/사물) ....
- 색깔이 어때? ....
- 무엇이 그려져 있지? ....
- 어떤 느낌이야? ....
- 모양은 어때? ....

이제 다시 차분하게 생각해 보자. 기분을 가라앉히기 위해 심호흡을 하는 것도 좋겠지. 친구가 공을 가로채서 더 이상 공놀이를 하지 못하게 되었을 때 어떻게 하면 좋을까? 아직 마음이 가라앉지 않았다면 입고 있는 옷을 관찰해 보는 건 어떨까? 아니면 공놀이 말고 하고 싶은 다른 게 있는지 생각해 보는 건 어때? 어쩌면 더 재미난 놀이가 떠오를지도 몰라.

회의가 잘 진행되지 않을 때

이번 학예회에서 우리 반은 연극을 하기로 했어. 회의를 해서 배역을 정해야 하는데 아이들이 의견은 말하지 않고 딴짓만 해. 나는 반장이니까 어떻게든 지금 배역을 정해야 하는데 선생님은 "다 함께 정해"라고만 하시고……. 점점 조바심이 나기 시작해!

　내가 반장이니 회의를 잘 이끌어서 의견을 모아야 하는데 다들 집중력이 떨어진 것 같다고 생각해 봐. 분명 초조해질 거야. 이럴 때는 **과감히 시간을 두자**. 도망치는 게 아니고 휴식 시간이라고 생각해. 조금 시간을 두고 나면 차분하게 아이들과 같이 얘기를 나눌 수 있을 거야.

 작전 짜는 시간을 갖자

운동 경기에서 연속 득점을 당했을 때 "타임!"을 외치고 작전을 짜는 시간을 가질 때가 있지? 머리를 식힐 때 쓰는 방법으로 '타임아웃'이라고 해.

화날 때 타임아웃을 갖고 **그 자리에서 떨어져서 머리를 식히고 냉정함을 되찾자.** 그냥 말없이 장소를 떠나면 상대가 곤란해지거나 불안해할 수도 있으니까 잠깐 쉬는 시간이 필요하다고 주변 사람들한테 알려 주자.

타임아웃의 목적은 냉정해지는 거니까 떨어져 있는 동안은 화가 나거나 불안한 이유를 따지지 말고 **마음을 편하게 갖는 것**이 중요해.

타임아웃 동안 무엇을 하면 마음이 가라앉을까? 물을 마시거나 바깥에 나가서 심호흡을 할 수도 있지. 그밖에 머리를 식히기 위해서 무엇을 할 수 있을지 적어 보자.

 타임아웃 중에는 이렇게 해 보자

하면 좋다 : 차분해지는 일

- 긴장을 푼다(심호흡한다, 눈을 감는다)
- 산책
- 스트레칭
- ……………………………………
- ……………………………………

* 불안함을 주는 일은 피하자.

하면 안 된다 : 기분이 흥분되는 일

- 소리를 높인다
- 격한 운동을 한다
- 화가 나는 일을 떠올린다
- ……………………………………
- ……………………………………

줄을 서 있다가 새치기를 당했을 때 ★★☆

서점에서 계산하려고 줄을 서 있었는데 갑자기 모르는 아저씨가 끼어들었다. 내 차례였는데……. 어른인 아저씨에게 화를 내도 될까?

줄을 서 있는데 누군가 끼어들면 당연히 짜증이 날 거야. 하지만 어떻게 해야 하지? 모르는 아저씨한테 "끼어들면 안 돼요"라고 하는 게 좋을까? 만약 그 아저씨가 무서운 사람이라면 괜히 엮이지 않는 편이 좋을지도 몰라.

이번에는 화의 온도를 재고 **나 자신을 객관적으로 보는 연습**을 해 보자. 내가 얼마나 화가 났는지 몇 번이고 온도를 재어 보는 동안 **내가 화내고 있는 이 일이 별게 아닌 것처럼** 여겨질 수도 있어. 그게 바로 화를 조절할 수 있게 되었다는 증거야.

 화난 정도를 숫자로 표현해 보자

무슨 일이든 숫자로 바꿔서 생각하면 상황을 파악하기 쉬워져. 예를 들면 "조금만 기다려 줘" 하는 것보다 "5분만 기다려 줘" 하는 편이 어느 정도를 기다려야 하는지 알기 쉬운 거랑 같아. 화의 온도를 숫자로 바꿔서 기록하면 내가 얼마나 많이 화가 났는지 머릿속으로 그려 볼 수 있어. 다음 날 기온이 몇 도인지 알면 무슨 옷을 입어야 할지 알 수 있는 것처럼, 화의 온도를 잴 줄 알면 '이제 조금 더 있으면 화를 마구 낼 것 같으니 대비하자'라든가, '이 정도면 그냥 지나칠 만한 것 같아'라는 식으로 다음 행동을 정하는 데 참고로 삼을 수 있어서 좋아.

내 안에 있는 화를 받아들이기 위해서는 이처럼 숫자로 그 크기를 먼저 확인하는 일이 큰 도움이 돼. 그다음에는 이 책에서 배우는 여러 방법을 써서 화를 줄이고 화로 인한 열기를 식히는 과정을 직접 몸으로 느껴 보자.

 화의 온도를 재 보자

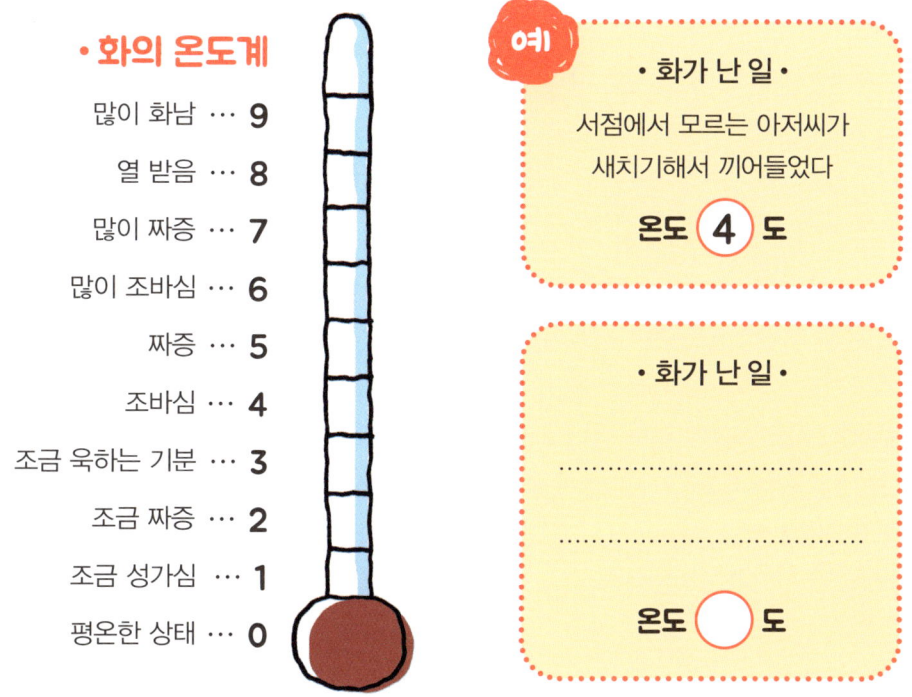

이유 없이 부당한 대우를 받았을 때 ★★★

지난주에 감기 걸려서 결석했을 때 선생님이 분명히 "숙제는 걱정 말고 푹 쉬어"라고 하셨는데, 오늘 숙제를 잊었다고 야단치셨다! 선생님은 자기가 한 이야기도 기억을 못 하시나?

이런 상황에서는 선생님한테 실망도 하고 불평부터 하고 싶을 거야. 하지만 말없이 뾰로통해 있는 것보다는, 내가 실망한 이유를 상대방에게 전하는 게 좋아. 다만, 세게 되받아치면서 말하지 않는 게 중요해. 실망했다고 선생님한테 강하게 반박하는 건 지혜로운 방법이 아니야. 먼저 기분을 차분히 가라앉히려고 노력해 보자. 그리고 나서 "지난주에 선생님께서 숙제는 잊고 푹 쉬라고 하셨어요"라고 이야기하면 충분히 문제를 해결할 수 있어.

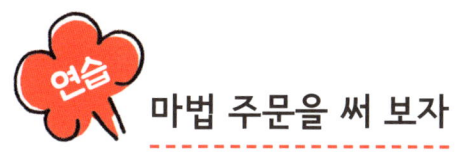 마법 주문을 써 보자

갑자기 화가 났을 때 바로 **화내지 않기 위한 나만의 '마법 주문'**을 한번 써 보자.

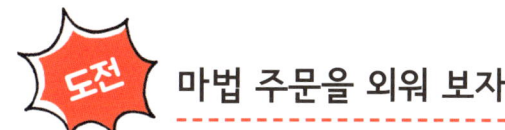 마법 주문을 외워 보자

앞으로 싫은 일이 생겨서 주변 사람들에게 '대꾸하고 싶어! 똑같이 되갚아 주고 싶어!' 이런 생각이 들 때 이 주문을 마음속으로 외워 보자. 연습해서 습관이 되면, 하지 말아야 할 말이 튀어나오거나 홧김에 손이 먼저 나가는 일은 없을 거야.

화가 치밀어 오를 때마다 **잊지 말고 주문을 꼭 외우는 게 중요해.** 억지로라도 좋으니 계속해 보자.

하기 싫은 일을 ★★★ 억지로 떠맡았을 때

모둠장 일은 번거롭고 힘들어서 우리 반에서는 다들 안 하려고 한다.
나도 하고 싶지 않았지만 억지로 떠맡게 되었다.
그런데 나만 빼고 모두 일찍 나가서 논다. 얄밉다…….

 조금씩 어른이 되어 갈수록 싫어도 해야만 하는 일들이 늘어나. 그런데 이런 일도 다른 시각으로 보면 의외로 '별일 아니다'라는 생각이 들 때가 많아.
 이왕 하는 일인데 기분이 계속 나쁘고 짜증만 난다면 들어가는 에너지가 아깝지 않겠어? 하기 싫은 일도 끝까지 해내면 반드시 좋은 점도 생기기 마련이야. 하기 싫은 일을 다른 방향에서 보는 연습을 해 보자.

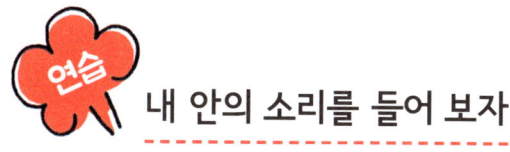 **내 안의 소리를 들어 보자**

'셀프 토크(self talk)'는 '자기 자신과 이야기하다'라는 뜻의 영어야. 내 머릿속 작은 목소리와 이야기하는 것을 말해. 같은 일이라도 내 안의 긍정적인 목소리를 듣느냐, 부정적인 목소리를 듣느냐에 따라서 기분이 좋아지기도 하고 나빠지기도 해. 부정적인 목소리만 들으면 화가 나 있는 시간이 점점 길어지지. 내 안의 긍정적인 소리에 귀를 기울여 보자!

● **하기 싫은 일** : 모둠장을 맡아서 오늘도 수업이 끝나고 혼자 남아 있다!

하기 쉬운 생각		기분이 좋아지는 셀프 토크
어째서 나만 힘든 일을 맡아서 하지 않으면 안 되는 거야?		• 자기 일을 책임지고 제대로 한다는 건 어쩐지 어른스러운 일 같아. • 이왕 하는 거니까 선생님이나 친구들한테 칭찬받을 수 있게끔 힘내서 하자.

 **기분이 좋아지는 셀프 토크를 하자**

● **하기 싫은 일** : ....

하기 쉬운 생각	→	기분이 좋아지는 셀프 토크
....		....

● **하기 싫은 일** : ....

하기 쉬운 생각	→	기분이 좋아지는 셀프 토크
....		....

똑똑하게 화내기

충동을 조절하는 연습

심호흡 세 번하기

심호흡을 하면서 동시에 화를 낼 수 있는 사람은 없어. 4초 동안 코로 들이마시고 6초 동안 입으로 내쉬자.

베개를 꼬옥!

베개를 있는 힘껏 꼭 껴안아 보자. 마음이 차분해지는 게 느껴질 거야.

주먹을 쥐었다 폈다!

화를 꽉 쥐어서 찌그러뜨린다는 기분으로 주먹을 쥐어서 꾹! 화를 버리는 기분으로 빠! 마음이 가라앉을 때까지 반복해 보자.

찰흙으로 만들기

화가 난 것을 잊어버릴 정도로 집중해서 힘껏 찰흙을 주물러 보자!

제자리에서 뛰어오르기

팔다리를 쭉 펴고 제자리에서 깡충깡충 뛰어 보자. 화가 나서 두근두근한 심장을 더 뛰게 만들어서 오히려 화의 온도를 내릴 수 있어!

스트레칭하기

근육을 풀어 주면 세로토닌이라는 마음을 편하게 해 주는 물질이 분비되어서 기분이 안정돼.

3 사고방식을 바꿔 보기

내 생각만 고집하면 화의 원인이 되어요

① 화의 정체를 밝혀 보아요

어떤 때 화를 내고 싶니? 누군가 욕을 했을 때? 싸움을 해서 맞았을 때? 엄마가 약속을 지키지 않았을 때? 이때 소리 내어 말하지 않아도 마음속으로 뭐라고 읊조리고 있니? 마음속에 숨어 있는 내 기분을 찾아보자.

- **욕을 들었다**
  왜 저렇게 심한 말을 하지?
  저런 나쁜 말은 쓰면 안 돼!
  → 욕을 하면 안 되는데…….
  아, 열 받아!

- **싸움을 해서 맞았다**
  사람을 때려서는 안 되잖아!
  → 사람을 때리면 안 되는데…….
  네가 정말 싫어!

- **쓰고 있던 물건을 빼앗겼다**
  보통은 먼저 빌려 달라고 하지 않아?
  왜 멋대로 가져가지?
  → 물건을 빌릴 때는 먼저 빌려 달라고 말해야 하는데…….
  이런 건 말도 안 돼! 흥!

- **약속을 어겼다**
  약속은 지키라고 있는 거잖아!
  → 약속은 꼭 지켜야 하는데…….
  다 필요 없어!

마음속 소리에 무엇이 공통적으로 숨어 있는지 눈치 챘니? 그래, 모든 것에 '~여야 한다'가 붙어 있어. '내가 당연히 맞다'고 여기는 강한 믿음이지. 이래도 저래도 상관없는 일에는 화가 나지 않지만, '이게 틀림없이 맞아'라고 생각하는 일이 자신의 믿음대로 되지 않을 때는 화를 내고 싶어져.

② 마음속에 숨어 있는 화의 원인을 찾아보아요

'~여야만 한다(~여서는 안 된다)'고 생각하는 일이 있니? '당연해' 혹은 '~하지 않으면 안 된다'고 여기는 일도 찾아봐.

 **화내고 싶어지는 원인을 찾아보자**

내 생각을 주변 친구에게 말하고 의견을 들어 보자.
예) 2학년이 되면 보조바퀴 없이 자전거를 탈 수 있어야 한다.

절대적으로 (맞다 / 틀리다)

| 다른 사람의 의견 | 자전거를 잘 타지 못하는 친구도 있고, 자전거가 집에 없어서 연습할 수 없는 친구도 있어. |

● 화의 원인 : ……………………………………………………

절대적으로 (맞다 / 틀리다)

| 다른 사람의 의견 | |

● 화의 원인 : ……………………………………………………

절대적으로 (맞다 / 틀리다)

| 다른 사람의 의견 | |

● 화의 원인 : ……………………………………………………

15  허용하는 마음을 넓혀요

❶ 생각하기에 따라서 마음이 나뉘어요

나의 '~해야만 한다'가 뜻대로 되지 않으면 화가 나. 하지만 생각에 따라서 화가 나지 않을 수도 있어. 아래 그림처럼 네 마음이 ①~③으로 나뉘어 있다고 생각해 봐.

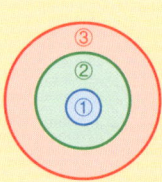
① : 나의 뜻대로 되었다 ➡ 당연하다.
② : 나의 뜻과 다르게 되었다 ➡ 하지만 이 정도면 뭐, 허용할 수 있어.
③ : 나의 뜻과 다르게 되었다 ➡ 뭐야? 허용할 수 없어!

예) 농구 시합에서 공을 받은 A가 슛을 했다. 중요한 순간이니까 반드시 슛에 성공해야만 한다.

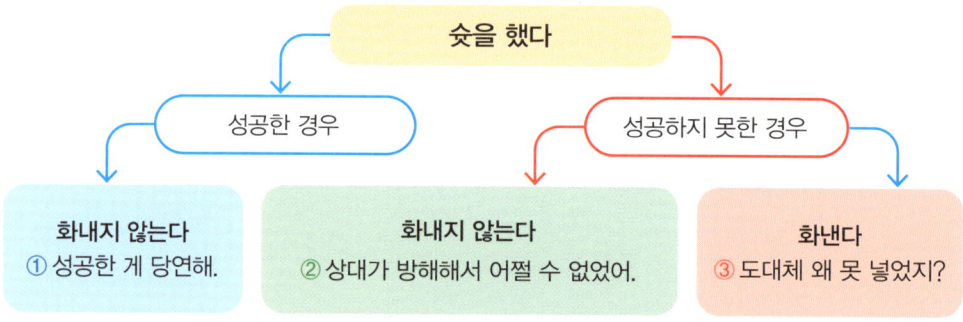

①은 나의 뜻대로 골을 넣었으니까 화를 낼 필요가 없었어. ③은 나의 뜻대로 되지 않아서 화를 냈지. 그런데 ②는 나의 뜻대로 되지 않았지만 다르게 생각해서 화를 내지 않았어.

여기서 중요한 것은 ②야. ②처럼 '별 수 없지. 뭐 어쩔 수 없네'라고 생각하는 부분을 크게 만들면 일이 뜻대로 되지 않아도 화나지 않을 거야.

2 허용하는 마음을 넓혀요

'허용하는 마음'이란 나의 '여야만 한다'와 다른 것을 받아들여서 화내지 않고 지나갈 수 있는 마음을 말해. 바로 앞의 ②를 말하지. 허용할 수 있는 마음의 범위를 넓혀 보자.

허용할 수 있는 것을 적어 보자

사건   농구 시합에서 공을 받은 A가 슛을 했다.

나의 '여야만 한다' 앞의 ①   중요한 순간이니까 골을 넣어야만 한다 ➡ 그런데 그렇지 못했다…….

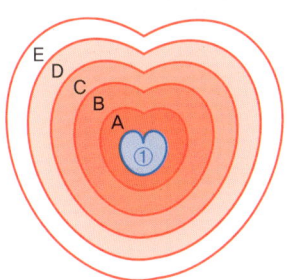

● 허용할 수 있는 것을 찾아서 ②를 넓히자.

A : 상대편이 방해했다
B : 손가락을 다쳤다
C : 패스가 정확하지 않았다
D : 바닥이 미끄러웠다
E : 상대 팀의 수비가 너무 강했다

사건   ....

나의 '여야만 한다' 앞의 ①   .... ➡ 그런데 그렇지 못했다…….

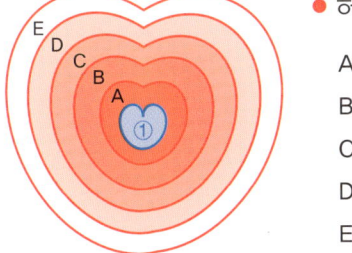

● 허용할 수 있는 것을 찾아서 ②를 넓히자.

A :
B :
C :
D :
E :

허용할 수 있는 것을 A~E까지 지금 전부 채우지 않아도 돼. 나중에 더 많이 떠오르면 점점 범위를 넓혀 가도 좋아.

 # 싸움이 났을 때 ★☆☆

학교에서 친구가 갑자기 튀어나오는 바람에 넘어졌다!
너무 놀라서 심장이 쿵쿵 뛰었다. 게다가 무릎이 까져 따끔따끔 아프다.
"사과해!"라고 했더니 친구는 사과는커녕 "뭐야!"라며 오히려 큰소리를 쳤다.
화가 나서 친구를 밀쳤더니 그만 싸움이 나고 말았다.

왜 화가 났을까? 홧김에 친구를 밀어서 싸움이 붙었지만 정말 싸울 정도의 일이었을까?
생각하면 생각할수록 화가 더 많이 나고 뭐가 뭔지 모르겠지? 좋은 방법이 있어. 종이에 적어 보는 거야. 머릿속으로 생각하는 것보다 머리 밖으로 꺼내는 편이 문제나 상황을 알기 쉽고 머릿속도 말끔해지거든.

 **화 메모를 적어 보자**

❶ 무슨 일이 있었니? 친구와 부딪혀서 넘어졌다.

❷ 그때 너는 어떻게 했니? "사과해!"라고 했는데 친구가 오히려 큰소리를 쳐서 화가 난 나머지 친구를 엉겁결에 밀쳐 버렸다.

❸ 상대방이 어떻게 해 줬으면 했니? 내 얼굴을 보며 "괜찮아? 미안해"라고 말해 주길 원했다.

❹ 지금 기분이 어떠니? 친구와 싸워서 슬프다. 화해하고 싶은데 어떻게 해야 할지 모르겠다.

　화가 났을 때 이처럼 차근차근 적어 보는 것이 문제를 해결하는 데에 정말 중요해. 머릿속으로만 생각하려 하면 '기분'하고 '사건'이 뒤죽박죽 되어서 화가 더 날 수도 있어. **사실(일어난 사건)과 기분을 잘 구분해서** 적어 보자.

 **최근에 화났던 일을 떠올리고 찬찬히 적어 보자**

❶ 무슨 일이 있었니?

❷ 그때 너는 어떻게 했니?

❸ 상대방이 어떻게 해 줬으면 했니?

❹ 지금 기분이 어떠니?

싫어하는 아이와 짝이 되었을 때 ★☆☆

기다리고 기다리던 자리 바꾸는 날인데 같이 앉고 싶지 않은 아이와 짝이 되었다. 나랑 가장 친한 친구 둘은 짝이 되었는데 왜 나만 이 자리지? 에이, 짜증 나. 내일부터 어떻게 하지…….

때로는 생각대로 되지 않는 일도 있지? 잘 맞지 않는 친구가 있을 때는 그 아이에 대해 생각해 보자. 그 아이의 모든 것이 싫은 걸까? 아니면 그 아이한테서 나쁜 말을 듣거나 나쁜 일을 당하기라도 할까 봐 걱정되는 걸까? 어떻게 하면 그 아이와 같이 앉아도 괜찮을 거라는 생각이 들까?

짜증 내고 끙끙 앓는다고 해서 상황이 바뀌지는 않아. **상황을 받아들이고 시각을 바꿔 보는 것**도 기분을 바꾸는 하나의 방법이야. 지금 처한 상황에서 무엇을 어떻게 바꿔 가면 좀 더 즐거워질지를 적어 보자.

 ## 스스로 바꾸고 싶은 것을 자세히 적어 보자

나한테서 바뀌었으면 하는 부분이 무엇이니? 그걸 바꾸기 위해서 무엇을 할 수 있을까? 언제까지 하면 좋을까?

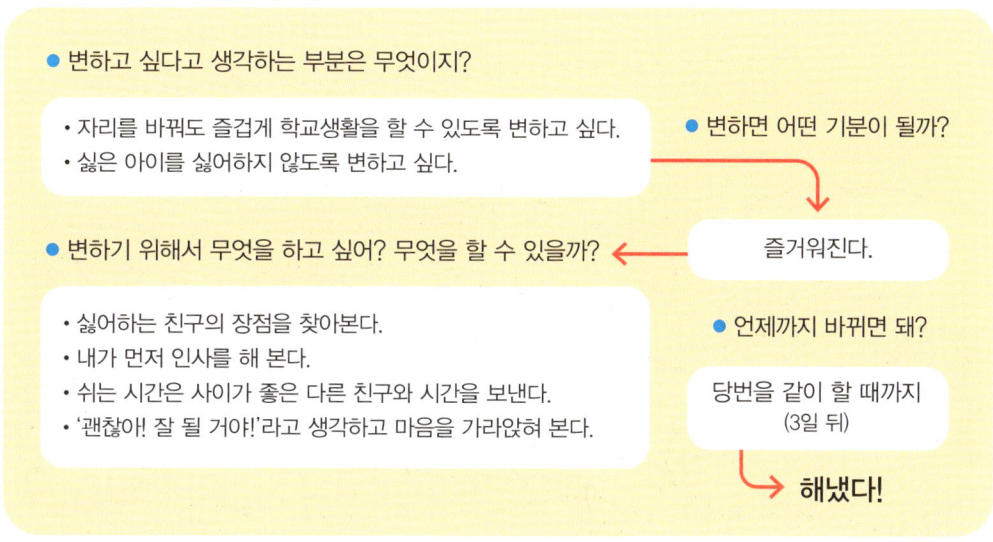

 ## 위의 예를 참고해서 바꾸고 싶은 것을 적어 보자

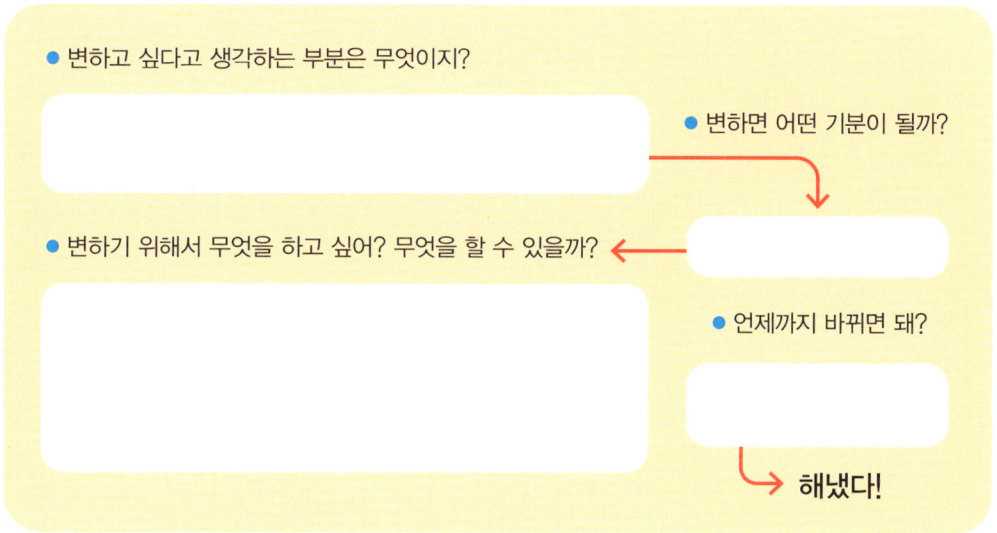

# 친구가 갑자기 화를 낼 때 ★★☆

급식 당번이라 모두에게 카레를 나눠 주고 있었는데 한 친구가 갑자기 "일부러 당근을 넣었어!"라며 화를 냈다. 그 친구가 당근을 싫어하는 줄 몰랐고, 그런 의도도 전혀 없었는데 어떡하지?

급식 당번은 진짜 힘든 일이야. "왜 나만 양이 적어!"라고 불평하는 아이가 있는가 하면, 어쩌다 나눠 주는 걸 잊었을 뿐인데 "내 것은 왜 없어!" 하며 우는 아이도 있지.

친구가 당근을 싫어한다는 사실을 몰랐으니 네가 일부러 그랬을 리 없어. 미리 말을 안 해 주면 모르잖아. 그런데 그 친구가 왜 그렇게 화를 냈을까? 한번 생각해 보자.

 ## 상황을 세밀하게 살펴보자

서로 생각이 다르면 싸움이 생기곤 해. 싸움이 났을 때를 떠올려 보고, 네 생각이 어땠는지, 또 상대방의 생각은 어땠을지 적어 보자.

- 내가 맞다고 생각한 것

> 이유도 묻지 않고 무작정 화를 내서는 안 된다.

- 상대가 맞다고 생각한 것
  (상대의 입장이 되어 적어 본다)

> - 싫어하는 것을 주면 안 된다.
> - 내가 당근을 싫어한다는 사실을 알고 있을 거다.
> - 심술을 부려서 일부러 넣은 게 틀림없다.

- 나의 진짜 기분

> 슬펐다.

- 상대의 기분

> - 장난이 심하다.
> - 오늘 좀 짜증스럽다.

> **나의 기분** → 친구가 당근을 싫어하는 것을 몰랐다. → 일부러 넣은 게 아니야! → 화를 내다니 말도 안 돼. → **이유도 묻지 않고 다짜고짜 화를 내서는 안 된다.** → 울컥!(친구가 일방적으로 화를 내서 슬펐다.)

> **친구가 되었다는 기분으로** → 그 친구는 자신이 당근을 싫어하는 걸 내가 알고 있었을 거라고 생각한 것 같다. → 일부러 넣을 리 없겠지만, 어쨌든 당근이 들어 있었다. → 어? 왜? → **싫어하는 것을 일부러 넣어서는 안 된다!** → 버럭!(내가 싫어하는 것을 일부러 주다니 충격이다.)

 ## 나의 경우를 살펴보자

> 사건 :

- 내가 맞다고 생각한 것

- 상대가 맞다고 생각한 것

- 나의 진짜 기분

- 상대의 기분

친구들이 놀이에 ★★☆
끼워 주지 않을 때

애들이 다 같이 숨바꼭질을 하고 있길래
한 친구에게 "나도 끼워 줘"라고 했는데,
그 친구는 "안 돼!"라며 거절했다. 너무해.

친구가 왜 그랬을까? 무슨 이유가 있을지도 몰라. 하지만 만약 친구가 그저 심술을 부린 거라면 그걸 그대로 받아들일 필요 없어. 심술을 받아들이면 나도 다른 사람에게 심술을 부리고 싶어져. 그러니까 네가 고민해야 할 것은 상대방에게 어떻게 대항하느냐가 아니라 **자신이 어떻게 행동하는 게 좋으냐**야.

다음 페이지의 '연습'을 하면서 네가 어떤 선택을 할 수 있는지를 생각해 보자.

 ## 4개의 상자 가운데 어디에 해당하는지 생각해 보자

해결하자

이대로라면 학교생활이 즐겁지 않을 거라는 생각이 든다면 친구와 대화를 해 보자. 혼자서 해결할 수 없으면 어른의 도움을 받아도 좋아.

친구나 가족 사이의 문제는 해결하지 않으면 앞으로도 힘들어질 거야. 해결책을 고민하자.

다른 일로 눈을 돌리자

몇몇 정해진 친구들 사이에 끼워 주지 않는다면 다른 아이를 사귀어 보자. 다른 즐거운 놀이도 찾아보자.

싫어도 내 힘으로 어쩔 수 없는 일도 있어. 그런 일이 생겼을 땐 다른 쪽으로 눈을 돌려서 내가 즐길 수 있는 일을 찾자.

상대의 생각을 받아들이자

'놀이가 한창 재미있을 때였거나, 이전부터 약속한 친구들이 모였을 수도 있으니까 이해해야지'라고 상대의 입장을 헤아려 생각해 보자.

내 주장을 내세울 마음이 없다면 다른 사람들의 기분을 받아들이고 양보하는 것도 사이좋게 지내는 데에 중요해.

잊어버리고 앞으로 나아가자

'안 된다고 거절당하긴 했지만, 뭐 상관없어'라는 생각이 든다면 정말로 그냥 잊자!

그리 깊이 생각하지 않아도 되거나 잘 모르는 사람들 사이에 벌어진 잠깐의 일이라면 일일이 애쓸 필요 없어. 그대로 흘려버리면 돼.

*84~87쪽에서 더 자세히 해 보니까 그것도 도전해 보자.

선생님에게 야단맞았을 때 ★★☆

수업 시간에 친구와 나도 모르게 큰 소리로 말할 때가 있다. 그런데 그럴 때면 선생님은 꼭 나만 야단치신다. 떠들고 있었던 사람이 나 혼자가 아닌데 불공평하다.

우선 좋은 팁을 하나 알려 줄게! 꾸중을 들을 때도 '야단을 잘 맞는 방법'이 있어. 너만 잘못하지는 않았지만, 너에게 전혀 잘못이 없는 게 아니라는 생각이 든다면 우선 상대의 말을 받아들이고 반성하는 태도를 보일 것. 먼저 "죄송합니다, 잘못했습니다"라고 말해 봐. 선생님이 너는 주장을 들어주지 않아서 속이 상한 거지? 그건 선생님도 마찬가지야. 우선 선생님의 말씀을 들어 보고, 하고 싶은 말은 그다음에 하면 어떨까?

이제 원래 문제로 돌아가서 네 생각과 선생님이 야단치는 이유가 왜 어긋나는지, 각자 취해야 할 알맞은 태도가 무엇인지 생각해 보자.

 ## 서로가 생각한 '알맞은 태도'를 찾아보자

나만 야단맞는 게 잘못되었다고 생각하는 이유는?

- .... 니까.
  예) 떠들고 있었던 건 나 혼자가 아니었고, 야단을 치려면 둘 다 야단쳐야 하니까.

'선생님이 당연히 해 주실 거라고 네가 기대하는 것'은 무엇이니? ❶

- 선생님은 .... 해야 한다.
  예) 선생님은 학생들에게 공평해야 한다.

반대로 선생님이 생각하는 '알맞은 태도'는 무엇일까?

- 너(학생)는 .... 해야 한다.
  예) 학생은 수업 중에 조용해야 한다.

- 선생님(교사)은 .... 해야 한다.
  예) 선생님은 진지하게 수업을 받고 있는 다른 학생들을 보호해야 한다.

*도저히 모르겠으면 선생님께 여쭤보아도 좋아.

선생님이 생각하는 '알맞은 태도' 가운데 네가 어떤 걸 어겼는지 찾았니? 또 그때 선생님의 기분은 어땠을까? ❷

- 너(학생)는 .... 니까 ....
  예) 네가 행동을 고칠 것 같은 학생이니까 먼저 주의를 줬다.

- 선생님(교사)은 .... 한 기분이었다.
  예) 학생들이 떠들고 있어서 유감이었다.

너의 '해야 한다' ❶와 선생님의 '해야 한다' ❷를 모두 이해했니? 어느 쪽 입장이든 **자신이 생각하는 '알맞은 태도'에 상대가 따르지 않았을 때** 화를 내고 싶어졌지? 이처럼 왜 꾸중을 들어야 하는지 이해할 수 없다면 나와 상대의 '알맞은 태도'를 동시에 생각해 보자.

나만 손해를 보고 있다고 느낄 때 ★★☆

같이 청소 당번을 맡은 친구가 항상 땡땡이를 부린다.
성실하게 일하는 내가 친구 몫까지 다 해야 하나?
이해가 안 간다. 받아들일 수 없어.

가끔 규칙이나 예의를 지키지 않는 친구가 있어. 하지만 선생님이 그 친구에게 주의를 주시지 않을 때도 있어. 게으름 피우는 아이가 주의를 듣지 않으니까 착실하게 일하는 자신이 손해를 보고 있다는 기분이 들지. 그러면 마음속에서부터 '저런 뺀질이' '억울해' 하고 화가 치밀어 오르게 돼.

이럴 때에는 먼저 나의 화를 조그맣게 만들자. **실제로 상대방의 태도가 변하지 않을지라도** 화가 줄어들면 마음이 훨씬 가벼워질 거야.

 화를 작게 만들어 보자

❶ 화가 나거나 기분이 언짢을 때 가장 처음 떠올렸던 생각을 적어 보자.

예)
- 당번인데 청소를 하지 않고 장난만 치는 친구 때문에 열 받는다.
- 왜 땡땡이를 부리는 사람 몫까지 내가 다 해야 하지?
- 청소가 잘 마무리되지 않으면 나까지 선생님한테 혼난다.

❷ ❶의 생각들은 내 안에 어떤 '해야 한다'가 있기 때문일까? 머릿속에 떠오르는 '해야 한다'를 전부 적어 보자.

예)
- 땡땡이를 부리는 사람은 혼나야 한다.
- 다른 사람에게 폐를 끼쳐서는 안 된다.

❸ ❷ 중에서 화나 짜증으로 이어질 수 있는 가장 큰 원인을 골라 보자. 그런 다음에 화를 줄이고 모두와 사이좋게 지낼 수 있도록 관점을 바꿔서 써 보자.

예) 땡땡이를 부리는 사람은 혼나야 한다. → 선생님이 늘 옆에 계시지도 않고 눈치 못 채셨다면 어쩔 수 없지.

(짜증으로 연결되는 생각) → (화를 줄이는 사고방식)

★중요★
그렇다고 억지로 생각을 바꾸라는 게 아니야! 나의 판단과 생각만으로 화가 커졌다면 조금은 다른 사람 입장에 서 보자는 뜻이지.

화를 기록하자

화를 어떻게 기록하지?

우리는 의외로 자신의 '화난' 상태를 제대로 이해하지 못할 때가 많아. '짜증나! 더는 못 참겠어!'라고 생각하는 일에 대해서 종이에 직접 써 보자. '무엇이 어땠으면 좋았을지, 자신이 어떻게 하면 좋았을지, 어떤 생각을 하면서 화가 났던 건지'를 적어서 '나의 화'를 이해해 보자.

종이에 적으면 이런 효과가!

종이에 쓰면 화가 났던 일을 냉정하고 객관적으로 바라볼 수 있게 돼. 또 시간이 흐르고 나서 다시 읽으면 화났을 때 생각할 수 없었던 여러 가지 다른 점들도 보이지.

- 종이에 적으면 화가 가라앉는다.(열기가 내려간다)
- 일어난 일을 있는 그대로 객관적으로 볼 수 있게 된다.
- 마음이 차분해진 뒤에 다시 보며 자신의 상태를 정리할 수 있다.

기록할 내용들

❶ 시간
❷ 장소
❸ 사건(어떤 일? 누가 있었나? 기분이 아니라 사실을 적는다)
❹ 사건에 대한 자신의 말과 행동(무엇을 말했는가? 어떤 행동을 취했나?)
❺ 화의 강도(화를 숫자로 표현한다)

화의 기록

❶ 언제?

❷ 어디서?

❸ 무슨 일이 있었나?

❹ 어떻게 말하고 행동했지?

❺ 화가 얼마나 났는지를 숫자로 가늠하고 아래 선 위에 표시해 보자

1 2 3 4 5 6 7 8 9 10

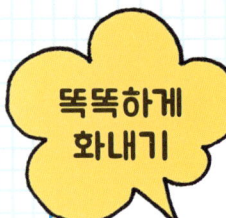
똑똑하게 화내기

'~여야만 한다' 때문에 화내지 않기

우리에게는 각자 옳은 것이라고 믿는 '~여야만 한다'가 있어. 어른도 마찬가지야. 너희가 가진 '~여야만 한다'는 생각은 대부분 어릴 때부터 아빠, 엄마, 선생님 말씀에 따라 지켜 온 거야.

예) 약속은 지켜야 한다. 친구에게는 친절해야 한다. 선생님 말씀을 잘 들어야 한다.
다른 사람이 싫어하는 행동을 해서는 안 된다 등등

우리는 대체로 자신이 믿고 있는 '~여야만 한다'가 바로 눈앞에서 배신당했을 때 화를 내고 싶어져. 내 기대대로 되지 않고, 나는 이렇게 해 줬으면 좋겠는데 그렇게 해 주지 않고, 해서는 안 되는 행동을 하는 사람이 있을 때지. 나는 내 믿음에 따라 잘 하고 있는데 친구가 그걸 지키지 않거나 기대하던 일이 실현되지 않으면 기분이 언짢은 게 당연해. 그럴 때는 누구라도 화가 나기 마련이야.

하지만 예를 들어 날씨를 생각해 보자. 고대하던 소풍날에 비가 오면 아쉽겠지만, 화를 낸다고 뭐가 바뀔까? 그런다고 비가 멈추지는 않잖아? 변하지 않는 일에 화를 내면 손해가 아닐까?

마찬가지로 네가 믿고 있는 '~여야만 한다'가 대개 맞는 것일지라도 현실에서는 그렇게 할 수 없는(다른 사고방식을 갖고 있는) 상황이나 사람들이 있어. '할 수 없는 일'이나 '하지 않는 사람'을 만날 때마다 거슬리고 화가 난다면 다른 누구보다 너 자신이 지쳐 버릴 거야. 매번 울컥하는 데 쓰이는 에너지가 아깝지.

그래서 매번 화를 크게 내지 않도록 **내 기분을 스스로 조절할 필요**가 있어. 또 화가 난 상태에서 그대로 상대방에게 뭔가를 말하기보다는 기분을 가라앉히고 전하는 게 훨씬 효과적이야.

너를 화나게 만드는 '~여야만 한다'를 상대에게 강요하지 않도록 생각을 느슨하게 하는 연습(61쪽), 다른 사고방식을 가지고 있는 사람을 받아들이는 연습(59쪽)을 해 보자.

4

화 잘 내는 법 배우기

화낼 때 지켜야 할 세 가지 규칙

앞에서 화내지 않고도 하고 싶은 말을 잘 전달하는 방법이 있다고 설명했어. 이걸 잘 익혀 두면 앞으로 내 기분을 다른 사람에게 조금씩 더 잘 전달할 수 있게 돼. 분명 어른이 되어서도 도움이 될 거야.

아직은 연습 중이니까 6초 동안 화를 참는 걸 잘 못해서 나도 모르게 폭발하는 일도 있을지 몰라. 하지만 그런 일이 벌어지더라도 '화낼 때 지켜야 할 세 가지 규칙'을 가르쳐 줄 테니까 꼭 기억해 줘. 화를 내더라도 이 규칙만은 지키자.

다른 사람을 상처 입히지 않아요

화난 기분을 폭발시키고 싶어져도 절대 다른 사람을 상처 입히면 안 돼. 폭력뿐 아니라 말로 사람 마음에 상처 입히는 일도 금지!

네가 터트린 화는 시간이 좀 지나면 가라앉겠지만 상대가 입은 상처는 쉽게 없어지지 않아. 몸이나 마음에 입은 상처가 평생 지워지지 않기도 해. 특히 보이지 않는 마음의 상처는 몸에 생긴 상처보다 치유되는 데 시간이 더 오래 걸린다는 사실을 기억하자.

자신을 상처 입히지 않아요

자신에게 상처 입힌다는 것은 자기가 나빴다고 너무 크게 자책하는 거야. 이건 반성하고는 달라. 네가 앞으로 더 훌륭한 사람이 될 가능성이 있는데도 스스로 낮게 평가해서 "나는 안 돼" "모두가 나를 싫어해" "내가 없는 편이 낫지 않을까?"라고 여긴다면 자신을 상처 입히는 셈이지.

네게 아직 부족한 부분이 있다 해도 그것이 너의 전부는 아니야. 나쁜 점은 고치면 돼. 그보다 중요한 것은 네가 너 자신을 믿고 자랑스럽게 여기는 거야.

물건에 화풀이하지 않아요

화가 나면 나를 화나게 만든 원인이 아니라 다른 대상에게 화풀이하는 경우가 있어. 물건에 화풀이하기도 하는데 그런 행동이 계속 이어지면 머지않아 사람에게도 화풀이를 하게 돼. 물건을 부수고 후련해서도 안 돼. 그런 식의 해소 방법은 오히려 화를 더 키운다고 해. 그러니까 물건에 화를 풀지 말고 다른 방법으로 마음을 가라앉히자.

화낼 때 피해야 할 네 가지 금기

💭 싸움 잘하는 방법

　소리를 지르거나 누군가를 때리거나 울리지만 않는다면 싸움도 자기 생각을 상대에게 전할 수 있는 좋은 기회야. 친구랑 좋은 사이가 되기 위해서 '싸움을 잘하는 싸움꾼'이 되자! 먼저 화가 나서 싸움을 할 때 하지 말아야 할 네 가지를 기억해 두자.

❶ 기분에 따라 화를 낸다.
❷ 관계없는 일을 끌어들인다.
❸ '왜?'라고 이유를 묻고 공격한다.
❸ 나 혼자만의 생각으로 판단하고 결정해 버린다.

 ### 기분에 따라 화를 낸다

지금 화내는 일이 기분이 좋을 때도 화를 낼 만한 일일까? 다른 사람에게 화를 내는 기준은 **'너의 기분'이 아니라 '일어난 일' 자체여야 해.**

 ### 관계없는 일을 끌어들인다

'이왕 싸우는 김에'라는 마음으로 과거의 일을 이것저것 끌어내서 화를 내면 지금 무엇이 문제인지 나 자신도 상대도 알 수 없어져. 또 상대도 덩달아 화가 나지. 화낼 때는 하고 싶은 말을 **가능한 한 하나로 묶어서** 상대에게 전하는 것이 중요해.

 ### '왜?'라고 이유를 묻고 공격한다

싸움이 벌어졌을 때 "도대체 왜 그런 거야?"라는 식으로 따지지는 않았니? 하지만 '왜'냐고 물어도 대부분은 이유를 잘 알 수 없어. 엄마가 "왜 접시를 치우지 않았니?"라고 묻는다면 "왜라니, 그냥 그런 거지"라고 답하게 되지 않아?

싸울 때 이유를 물어보면 상대는 변명을 찾기 시작해. 그러면 문제 해결이 어려워져. 이유보다는 "어떻게 하면 이걸 해 줄 거야?" 하고 **대화의 방향이 '앞을' 향하도록** 말해 보자.

나 혼자만의 생각으로 판단하고 결정해 버린다

화가 났다고 해서 '너는 항상 ~해'라고 단정짓지 말고 사실을 제대로 파악해서 대화하도록 하자. 그러기 위해서는 **상대의 생각을 잘 듣는 것**도 중요해.

또 '항상' '반드시' '매번' 같은 말은 가능하면 쓰지 말자. 상대방도 100퍼센트 매번 똑같이 나쁜 것은 아니지 않니? 상대가 한 일을 과장해서 표현하거나 너무 탓하지 않도록 주의하고 **'지금'의 문제**에 한해서 대화를 나누자.

24 빌려 간 물건을 돌려주지 않을 때 ★☆☆

얼마 전에 친구가 "그 연필 좋네! 좀 빌려줘"라고 해서 빌려줬는데 그 뒤로 좀처럼 돌려주지 않는다. 내게는 소중한 연필이라서 꼭 돌려줬으면 좋겠는데, 싸우기는 싫고……. 그런데 점점 화가 나기 시작한다.

소중한 물건을 빨리 돌려주면 기쁠 텐데……. 그런데 화가 난 상태에서 친구에게 빌려 간 물건을 돌려 달라고 했을 때 너는 어떤 표정을 짓고 있었을까? 화가 났을 때 너의 태도나 표정, 말 하나하나를 돌이켜 생각해 보자.

 ## 화났을 때 내 모습을 떠올려 보자

화를 낼 때 어떤 표정과 행동을 하고 있는지 생각해 본 적이 있니? 실실 웃으면서 말하면 무슨 말을 해도 친구는 네가 화가 나 있다는 사실을 알기 힘들어.

표정 어떤 표정을 짓고 있었니?
→ 부루퉁한 얼굴

몸짓 어떤 모습이었지?
→ 고개를 숙이며, 작은 목소리로 중얼거리며.

말 어떤 식으로 말했니?
→ "음…… 그게…… 연필 말이야."

> ★ 핵심 ★
> 마음을 가다듬고 상대의 눈을 보며 분명하게 내 뜻을 전하자. "빌려 간 물건을 돌려줬으면 해. 소중하게 여기는 물건이어서 돌려받지 못하면 속상할 거야"라고 말해 본다.

 ## 화났을 때 나의 태도를 적어 보자

표정 화가 났을 때는 어떤 표정이니?
→

몸짓 어떤 자세나 행동을 취하니?
→

말 어떤 식으로 말하니?
→

25 친구가 자기 뜻대로 ★☆☆
나를 움직이려 할 때

친구가 자기 의자가 삐걱거린다면서 "내 의자랑 바꿔!"라고 했다.
왜 내가 바꿔 줘야 하지? 선생님한테 의자가 삐걱거린다고 말씀드리면 되잖아.
얼마 전에는 내 급식이 더 많아 보인다며 아무 말 없이 멋대로 바꿔 갔다.
으, 이 친구, 싫다……

원하지도 않는데 친구가 멋대로 행동하면 힘들지. 어떻게 하면 친구 뜻대로 하지 않고 그 상황을 부드럽게 넘어갈 수 있을까? 우선 자신의 기분을 솔직하게 전달해 보자. 어떤 기분이 들었지? 그 기분을 '나 메시지'를 써서 말해 보자.

 ## '나 메시지'로 기분을 전해 보자

'나 메시지'란 나를 주어로 하는 전달 방법이야. 상대인 '너'를 주어로 하는 '너 메시지'와 어떻게 다른지 비교해 보자.

> ❶ '너 메시지'의 예
> 너 그게 뭐야!
> 말도 안 돼.
> 넌 정말 이상해.

> ❷ '나 메시지'의 예
> 나는 그것이 싫어.
> 나는 실망했어.
> 나는 하고 싶지 않아.

'너 메시지'는 '(너는) 그게 뭐야! (너는) 정말 이상해'처럼 상대를 주어로 해. '너 메시지'를 들으면 어쩐지 나를 비난하는 것 같지 않니? 그래서 싸움이 나기 쉽고 상처 받기도 쉬워.

'너 메시지'가 아니라 '나 메시지'를 쓰면 상대가 추궁당하는 기분이 들지 않고, 내 기분도 잘 전할 수 있어.

매번 같은 친구가 피해를 줄 때 ★☆☆

내 짝꿍은 준비물을 자주 안 가져와서 늘 옆에 앉은 내가 빌려준다.
오늘도 물감을 안 가져왔다. 여태까지 계속 물건을 빌려줬던 일이 떠올라서
나도 모르게 "이제 싫어! 안 돼!" 하고 소리쳤더니 짝꿍이 울음을 터트렸다.
울릴 생각은 아니었는데 다들 나더러 나쁜 애라고 했다.

짝꿍이 물건을 안 가져왔을 때 네가 늘 빌려주곤 했구나. 자꾸만 그런 일이 생기면 정작 네가 쓰고 싶을 때 쓸 수 없어 곤란하기도 했을 거야. 그러다가 오늘은 그만 생각지도 않게 화를 내 버렸네. 그러고 나서는 화가 폭발한 일을 후회하고 있고. 자, 그럼 어떻게 했으면 좋았을지 생각해 보자.

# 화를 폭발시키면 어떻게 되는지 생각해 보자

화를 폭발시킨 뒤에 너와 친구는 어떻게 되었니? 정말로 전하고 싶었던 네 생각이나 마음이 전해졌을까?

● 화가 폭발하는 이미지를 그림으로 그리면?

● 화가 폭발할 때 어떤 말을 쓰지?

예) 왜 매번 그러는데!

● 화를 터뜨리면 상대는 어떨까?

예) 야단맞는 기분이 든다. 울고 싶다.

● 화를 폭발시킨 다음에 둘 사이가 어떻게 된다고 생각해?

예) 어색한 분위기가 흐른다.

● 화를 폭발시키지 않고 넘어갈 수 있는 방법이 있을까?

예) 다른 반 아이에게 빌려 보라고 권유한다.

27 웃음거리가 되었을 때 ★☆☆

> 조금 있으면 곧 운동회다. 오늘은 달리기 연습을 했는데,
> 얼마나 빨리 달리는지 시간을 잰다고 해서 있는 힘껏 달렸다.
> 그런데 그만 넘어지고 말았다. 고개를 들어 보니 모두 나를 보며 웃고 있었다.

'달리다가 넘어지는 것은 자주 있는 일이야. 부끄러운 일이 아니야!'라고 머릿속으로 알고 있어도 사람들이 다 같이 나를 보고 웃을 때 기분 좋을 사람은 없어.

뭐가 이상해서 모두 그렇게 웃은 걸까? 너라면 친구가 넘어졌을 때 웃을 것 같니? 웃음거리가 된 사람의 기분이나, 반대로 그 사람을 보고 웃는 사람의 기분을 짐작할 수 있니?

웃음거리가 되면 얼굴이 빨개져서 화를 낼지도 몰라. 울고 싶을 수도 있어. 그런 일을 당했을 때 네 기분을 어떻게 전하면 좋을까?

 ## 화내기 직전에 무슨 생각을 했는지 떠올려 보자

화내고 싶어질 때 어떤 생각을 하며 화를 내려고 했을까? 만약 네가 넘어져서 웃음을 샀다면 어떤 생각이 들까?

넘어졌을 때

예) 아프다, 기록이 늦어진다.

웃음거리가 되었을 때

예) 무시당했다, 꼴이 우습게 되었다.

기분을 '나 메시지'로 전하자

화내고 싶어진 이유는 무엇이었니? 그 이유를 상대에게 알리는 게 네 기분을 이해받는 데 큰 도움이 될 거야.

73쪽에서 배운 '나 메시지'를 써서 내 나름의 말로 기분을 전하는 연습을 해 보자!

- 나는 _____ 슬퍼.
  예) 내가 넘어진 것을 보고 네가 웃으면

- 나는 _____ (하지) 않았으면 좋겠어.
  예) 모두 나를 보고 웃지

친구와 선생님, 가족에게 평소 하고 싶었던 말을 '나 메시지'로 써 보자.

28 친구가 ★★★ 약속을 깼을 때

> 친구한테 "비밀이야"라고 하고는 좋아하는 여자애 이름을 알려 줬다.
> 그랬더니 친구가 재미있어 하며 다른 아이들에게 말해 버렸다! 너무해!

비밀을 폭로하는 것은 분명 좋지 않은 행동이야. 약속을 지켜야 한다는 것을 모두 알고 있겠지만, 그렇게 하지 못하는 아이들도 있지.

참을 수 없을 정도로 화가 난 네 심정은 이해하지만 이미 모두가 알게 된 사실을 지울 수는 없어. 그러니까 자신의 힘으로 어떻게 할 수 없는 일을 계속 생각하면서 끙끙대지 말고 **지금 상황에서 할 수 있는 것이 무엇인지**를 생각해 보자. 그리고 나서 '할 수 있는 것'은 행동으로 분명히 옮기자.

- **할 수 없는 것 : 퍼진 소문을 되돌려서 잊게 한다.**
- **할 수 있는 것 : 친구한테 앞으로는 약속을 지키라고 말한다.**

 ## 화내고 싶을 때는 이렇게 해 보자

❶ 내 기분을 말한다
❷ 상대가 나에게 어떻게 해 주면 좋을지를 말한다

● 네가 화를 낸 이유는?

· 비밀로 하기로 한 약속을 지키지 않아서
· 모두가 내 비밀을 알게 된 것이 부끄러워서

→ 자신이 화가 난 이유를 알게 되면 상대에게 어떻게 말해야 좋을지를 생각해 낼 수 있다.

● 이런 식으로 말하면 어떨까?

❶ 내 기분을 말한다
"친구니까 당연히 약속을 지켜 줄 거라 믿고 말했어. 그런데 내가 약속을 어겨서 마음이 아파."

❷ 어떻게 해 주면 좋을지를 말한다
"앞으로도 너랑 친구로 지내고 싶으니까 약속을 지켜 줬으면 해. 나도 지킬게."

 ## 기분으로 화내지 않는 연습을 해 보자

'약속을 지키지 않았으니까' 화를 낸 거라면 상대에게도 기분이 잘 전해졌을 거야. 하지만 화를 낸 이유가 만약에 '창피해서'였다면 주의해야 해. 창피할 때는 화를 더 크게 내기 쉽거든. 기분이 언짢을 때 평소에는 괜찮던 일에도 격하게 화를 낸 적이 있지 않아? 이처럼 기분 때문에 화내게 되면 네 진심이 잘 전해지지 않을 수도 있으니까 조심하자.

29 친구가 ★★★ 거짓말을 했을 때

친구가 "오늘은 집에 일이 있어서 같이 못 놀아"라고 했는데 공원에서 다른 아이와 놀고 있는 것을 보게 되었다! 거짓말을 하다니······.

이런 경우에는 "이럴 수가! 거짓말이었어!" 하고 화부터 내고 싶을지도 몰라. 하지만 그냥 잠깐 본 것만으로 모든 상황을 잘 알 수는 없어. 섣불리 친구의 행동을 '거짓말'이라고 여기는 것은 위험해. 친구 사이라면 **먼저 상황을 확인해 볼 것!**

기분을 차분하게 가라앉히고 나서 "어떻게 된 거야? 일정이 바뀐 거야?" 하고 친구한테 물어보면 돼.

하지만 이렇게 한다고 해서 꼭 네가 원하는 답이 돌아온다는 보장은 없어. 친구의 대답을 듣고 언짢은 기분이 들어서 더 크게 화를 내고 싶을 수도 있지. 친구와 이런 대화를 나눌 일이 생긴다면 다음 내용을 연습해 보자.

 ## 화내기 전에 단계를 확인하자

누군가에게 화가 나고 대화를 나누고 싶을 때는 먼저 **상대방과 어떤 관계로 지내고 싶은지**를 확인하자.

너는 친구와 어떻게 지내고 싶니?

예) 거짓말을 하는 친구라면 절교해도 상관없다.
    만약에 거짓말을 했다고 해도 친구가 사과한다면 사이좋게 지내고 싶다.

양쪽 모두 이기는 싸움을 해 보자

'윈-윈(win-win)'이라는 말을 들어 보았니? 나와 상대방, 둘 다 싸움에서 이긴다는 뜻이야. 싸워서 누군가가 지는 것은 '윈-윈'이 아니야. 무조건 상대를 이기려는 것은 싸움의 진짜 목적이라고 볼 수 없어.

싸움을 할 때 '더 좋은 관계를 위해서' '서로를 이해하기 위해서'라는 목적을 의식하지 않으면 싸움이 엉뚱한 방향으로 흘러가게 돼.

싸움을 하는 목적을 생각해 보자

- 무엇을 하고 싶니?

- 무엇을 말하고 싶니?

- 상대방과 어떤 관계로 지내고 싶니?

상대를 비난하거나 그저 나의 화를 상대에게 던져서 부딪치는 싸움은 의미가 없다는 것을 이해할 수 있겠니?

화낼 때 우리 몸의 반응

화낼 때 몸은 어떻게 반응할까? 눈은? 입은? 얼굴은? 호흡은? 손과 발은? 심장은? 배나 머리는 어떤 느낌일까?

화낼 때 우리 몸이 어떻게 반응하는지를 알아 두면 네가 화를 내고 싶거나 마음이 동요할 때 조금이라도 빨리 자신의 상태를 깨닫게 돼.

● 화가 났을 때 몸에 일어나는 변화를 떠올리며 그림을 그려 보자.

내 행동을
스스로 결정하기

갈림길에서 어느 쪽을 택할까? ❶

이번에는 화를 내고 싶을 때 어떻게 하면 그 화를 잘 처리할 수 있을지 '생각하는 방법'을 배울 거야. 그래서 열기를 가라앉히고 냉정하게 **자신의 행동을 결정하도록 하자.**

먼저 아래 예제를 보며 너의 노력으로 문제를 해결할 수 있을지 없을지를 판별해 보자. 만약 혼자 힘으로 상황을 바꾸는 게 어렵다면 어른에게 도움을 청하는 것도 좋은 방법이야.

 **상황을 구분해 보자**

❶ 수업 중에 옆에 앉은 아이가 말을 걸어 왔는데 그걸 보신 선생님에게 주의를 들었다.

• 친구가 수업 중에 말을 걸지 않게 하는 것이……

　가능하다(=바꿀 수 있다) 고 생각하면 …… 오른쪽 페이지로

　불가능하다(=바꿀 수 없다) 고 생각하면 …… 다음 장으로

❷ 오늘은 기대하던 야외 학습 하는 날이다. 그런데 비가 엄청나게 내린다!

• 오늘의 날씨를……

　바꿀 수 있다 고 생각하면 …… 오른쪽 페이지로

　바꿀 수 없다 고 생각하면 …… 다음 장으로

 ## 바꿀 수 있는 일에 대해 생각해 보자

예제 ❶에서 중요한 점은 바꾸려는 것이 '옆에 앉은 아이'가 아니고 '네가 고민하고 있는 상황 자체'라는 거야. 그 상황을 바꾸기 위해 **구체적인 목표**를 세워 보자. '언제' '어떻게' '어느 정도' 바꾸면 만족스러운 결과를 얻게 될까?

| 언제(까지) | 당장이라도! |

| 어떻게 | A안 옆에 앉은 아이에게 "나는 수업을 들어야 하고 선생님께 야단맞기 싫으니까 수업 중에는 말을 걸지 않았으면 한다"고 직접 말한다.
B안 선생님에게 사정을 말하고 그 아이와 떨어져서 앉는다. |

| 어느 정도 | A안 적어도 선생님이 말씀하실 때는 말을 걸지 않았으면 좋겠다.
B안 가능하면 수업 중에는 말을 걸지 않았으면 좋겠다. |

 ## 고민거리 가운데 바꿀 수 있는 것을 적어 보자

| 바꿀 수 있는 문제 | 언제(까지) |

| 어떻게 | 어느 정도 |

갈림길에서 어느 쪽을 택할까? ❷

이번에는 앞의 예제에서 네가 '바꿀 수 없다'고 생각했던 문제에 대해 생각해 볼 거야. 우선은 **'바꿀 수 없다'**고 한 일이 **네게 중요한지 아닌지**를 판단해야 해.

아래 표와 다음 페이지의 연습을 참고해서 고민하고 있는 일을 같은 방식으로 대입해서 생각해 보자.

바꿀 수 있는 것

- 해결한다
  - 언제(까지)
  - 어떻게
  - 어느 정도
    바꾸고 싶은지를 생각한다

....

- 양보한다
- 지금 말고 할 수 있을 때 한다

중요하다 → 중요하지 않다

바꿀 수 없는 것

- 받아들인다
- 다른 것을 선택한다

....

- 생각하지 않는다
- 내버려 둔다

*57쪽의 '4개의 상자'도 같은 방식으로 생각할 수 있어요.

 ## 바꿀 수 없는 일에 대해 생각해 보자

84쪽의 예제 ❷는 고대하던 야외 학습을 하는 날인데 비가 내리는 상황이었어. 어떠니? 날씨는 바꿀 수가 없지. 무슨 수를 써도 내 힘으로 바꿀 수 없는 일은 네게 중요한지 중요하지 않은지로 나누어서 대응하면 좋아.

중요하다

중요한 일인데 바꿀 수 없으면 초조하고 스트레스가 쌓여. 이런 문제를 만나면 **'이 일 대신에 무엇을 할 수 있을지'**를 생각해 봐. 진짜 원하는 것은 할 수 없더라도 그 대신에 만족할 수 있는 것을 찾아보자.

➡ 비가 오는 날의 야외 학습을 어떻게 즐길지 생각해 본다.
➡ 다음 야외 학습 갈 계획을 세운다.

중요하지 않다

바꿀 수 없는 일이 중요하지 않다면 그냥 **'내버려 두는 것'**을 선택해도 괜찮아. 조금 언짢은 기분이 들더라도 '이 일에 대해서 생각하지 않겠다'고 마음을 정하자. 모든 일에 에너지를 쏟다 보면 정작 정말 중요한 일을 뒤로 미룰 수도 있기 때문이야.

단, 비가 올 때의 야외 학습을 위한 대비는 해 두자.

➡ 우산을 쓴다.
➡ 비옷을 입는다.

친구들한테 의심을 받았을 때 ★☆☆

> 친구가 아끼던 열쇠고리가 없어졌다. 그런데 이전에 내가 "그거 귀엽다"고 말하는 걸 옆에서 들었던 다른 친구가 "네가 가져간 거 아냐? 갖고 싶어 했잖아"라고 말해서 아이들에게 도둑으로 의심받았다. 내가 그런 게 아닌데, 정말 기분 나쁘다.

다른 사람 물건에 손대지 않았는데 친구의 한마디 때문에 주변 아이들에게 의심을 받았구나. 이런 일이 생겨서 불안할 때는 마음속에서 일어나는 일을 적으면서 정리해 보자. 그러면 어느 정도 마음이 홀가분해질 거야.

 ## 불안한 마음을 글로 적어 보자

　당황스러운 일이 생겨서 어떻게 하면 좋을지 걱정이 되고 불안한 마음이 든다면 아래 내용을 참고하면서 글로 적어 보자. 중요한 일일까? 스스로 바꿀 수 있는 일일까? 어느 쪽인지 확인해 보자.

예) 친구들에게 의심을 받고 있다.

 ## 나와 친구의 입장에서 할 수 있는 일을 적어 보자

- **내 입장**
  내가 한 일이 아니라면 자신을 가지고 모두에게 "내가 아니야"라고 말한다.

- **열쇠고리를 잃어버린 친구 입장**
  솔직한 기분을 적어 보면 좋을 것 같다. 함께 있으면 편안해지는 사람과 장소를 떠올리면 마음이 차분해질 것이다.

아무리 연습해도 안 되는 일이 있을 때

다른 친구들은 철봉 오르기를 연습해서 모두 할 수 있게 되었다.
나도 할 수 있을 것 같아서 노력했지만, 아직도 안 된다.
점점 억울하고 분한 기분이 든다! 왜 나만 못하는 거지……

　철봉 오르기를 해내려고 열심히 연습하고 있구나. 잘하는 친구들을 보고 부러운 기분도 들지? 그러다 보면 다 하는데 나만 못하면 어쩌나 하는 조바심이 날 수도 있을 거야.
　철봉 오르기를 잘하는 아이를 관찰해서 그 아이의 동작을 흉내 내거나, 요령을 물어봐서 들어 보고 연습을 하는 건 어떨까? 틀림없이 노력한 대로 잘될 거야.

 ## 플레이 롤을 해 보자

'**플레이 롤**(play role)'은 자신이 동경하는 누군가를 떠올리며 그 사람이 되었다고 상상하고 행동하는 거야. 좋아하는 만화 주인공이어도 좋고, 멋지다고 생각하는 형이나 언니도 좋아.

초조해지거나 원하는 일이 잘 되지 않아 답답할 때 '저렇게 되고 싶다' '멋지다'라고 생각한 **롤 모델을 흉내 내어 보자.** 점점 자신이 되고 싶었던 모습으로 변해 갈 거야.

흉내 내고 싶은 사람을 적어 보자

- 그 사람을 동경하는 이유는?

- 그 사람을 따라서 어떻게 되고 싶니?

- 그 사람처럼 되면 어떤 변화가 생길까?

- 변한 나는 어떤 모습일까? 그림을 그려 보자

선생님이 내 말을 믿어 주지 않을 때 ★★☆

교실 창문이 깨져 있었다. 이번에는 내가 한 게 아닌데도 선생님께서 "또 너야!"라며 화를 내셨다. 아니라고 해도 좀처럼 믿어 주시지 않아서, 홧김에 물건을 바닥에 내동댕이쳤다. 나중에 다른 친구가 "제가 그랬어요"라고 해서 혐의가 풀렸지만 억울함에 울컥 화가 치밀었다.

선생님이 너를 곧바로 믿어 주시지 않았던 이유가 무엇일까? 혹시 네가 화를 먼저 터뜨리는 바람에 선생님이 너의 이야기에 귀를 기울이시지 않은 건 아닐까? 아님 평소에도 종종 욱하고 쉽게 화를 터뜨리지는 않았니? 만약 그렇다면 앞으로는 **지금까지와 다르게 행동**해 보면 어떨까? 나 자신뿐만 아니라 주변의 반응도 달라진 거야.

 ## 보통 때와 다르게 행동해 보자

- 화가 나면 보통 어떻게 하니?

   예) 발끈해서 물건을 던지거나 바로 욕을 해 버린다.

- 평소와 다르게 어떤 것을 할 수 있을까? (행동이나 사고방식을 바꿔 보자.)

   예) 바로 물건을 던지거나 욕을 하지 않도록 노력한다.
  마음을 가라앉혀 본다.

- 다른 행동을 하면 어떻게 될까? (자기 자신과 주변의 반응)

   예) 주변 사람들이 깜짝 놀란다.
  사람들이 내 이야기를 들어 줄 것이다.

 ## 어떻게 다르게 행동할지 적어 보자

- 화가 나면 보통 어떻게 하니?

- 평소와 다르게 어떤 것을 할 수 있을까? (행동이나 사고방식을 바꿔 보자.)

- 다른 행동을 하면 어떻게 될까? (자기 자신과 주변의 반응)

친구가 내 욕을 하는 것 같을 때 ★★☆

친구가 "이거 비밀인데, 네 짝이 뒤에서 너 욕하고 있어!"라고 했다.
내 짝이 욕을 할 만한 행동을 내가 한 적이 없는데……. 왜지?

너는 아마 짝에 대한 배신감으로 가득할 거야. 처음 들었을 때는 그냥 충격이었겠지만 시간이 지날수록 점차 충격이 분노로 바뀔지도 몰라. 이럴 때 어떻게 해야 할까?

그런데 말이야. 어쩌면 말을 전한 친구가 거짓말을 하고 있을 수도 있어. 또 네가 무언가 짝이 오해할 만한 일을 했을 가능성도 있지.

세 사람 이상이 연관된 문제는 어떤 말이든 곧이듣지 말고 **정확한 사실을 확인할 필요**가 있어. 네가 들으면 불쾌할 일을 친구가 왜 굳이 네게 말했는지 이유도 모르잖니. 우선 네 기분과 행동을 다음 페이지에서 정리해 보자.

 ## 자기주장에 대해 알아보자

 기분

열 받는다
난 지금까지 내 짝한테 정말 잘해 줬는데. 진짜 울화가 치민다!

난감하다
짝한테 물어보고 싶지만 친구가 비밀이라며 말한 거라 그럴 수가 없다.

정말일까?
짝하고 좋은 친구 사이인데 그런 말을 그냥 믿을 수는 없다.

- 무턱대고 짝한테 불평하러 간다.
- 짝과는 더 말도 섞고 싶지 않으니까 무시한다.
- 그런 말을 듣지 않은 척하고는 짝하고 거리를 둔다.
- 친구가 왜 그런 말을 나한테 했는지, 짝은 정말 내 욕을 했는지 두 사람에게 다시 물어본다.

 태도

공격형
자신의 기분을 상대에게 강요하기 쉽다. 상대방을 이해하고자 하는 마음이 조금 부족하다.

비주장형
자신의 의견과 기분을 말하지 않고 포기해 버린다. 때로는 상대방을 거부하기도 한다.

자기주장형
자신의 기분을 제대로 전하고 상대의 기분도 이해하려고 한다. 자신과 상대 모두 소중하게 대한다.

결과

- 뒤에서 욕한 짝이 나쁘다고 생각하고 화를 낸다. 사실을 확인할 기회가 없다.
- 만약 말을 전한 친구가 착각했다면 그것이 원인이 되어 짝과 사이가 나빠질 수도 있다. 또 불만이 남아서 계속 짝을 원망하게 될지도 모른다.
- 짝에게도 이야기를 들어 보고 사실을 확인한다. 서로의 기분을 나누면 모두가 납득할 수 있는 답을 얻을 수 있다.

★ **중요** ★

일방적으로 내 화를 상대에게 던지는 것도, 상대에게 너무 신경을 써서 나의 진짜 기분을 전하지 못하는 것도 좋지 않아. 오해를 풀 기회를 없애고, 때로는 속에 불만이 쌓여서 나중에 폭발해 버릴 여지를 남기니까.
자기주장이란 서로를 배려하면서도 내 기분을 상대에게 잘 전하는 것이야. 네 기분을 어떻게 전하느냐에 따라 앞으로 그 사람과 어떤 관계가 될지가 달라져.

성적이 생각처럼 오르지 않을 때 ★★★

나는 수학에 가장 자신 있다. 그런데 이 점수는 도대체 뭐지?
학원도 다니고 공부도 많이 했는데 성적이 안 올라서 조바심이 난다.

자기가 가장 자신 있는 분야에서 힘을 발휘하지 못할 때 느끼는 초조함은 자기 자신에 대한 화야. '더 높은 점수를 받을 수 있었는데, 원래대로라면 1등이었을 텐데……' 하고 조바심과 초조함을 느꼈을 테지.

어쩌면 실망한 나머지 다른 사람에게 책임을 돌릴지도 몰라. 시험 문제가 이상했다거나 채점 방식이 나빴다거나 우연히 정답을 맞힌 사람이 있다거나…….

하지만 그렇게 생각해도 변하는 건 아무것도 없다는 사실을 너도 잘 알고 있을 거야. 공부 방법을 바꾸는 등 다른 방향으로 노력할 수 있지 않을까?

어떻게 하면 목표를 달성하도록 스스로를 북돋을 수 있을지 생각해 보자.

 **내가 주인공인 이야기를 만들자**

'자기 자신이 주인공이 되는 나의 이야기'를 써 보자. 반 년 후에는 내가 어떻게 되고, 1년 후에는 어떨지 **스스로 내 미래를 만드는 거야.** 시간은 주 단위거나 월 단위라도 상관없어. 목표를 달성할 때까지의 과정을 적어 보자.

미래의 모습을 상상하고 멀리서 지금의 자신을 바라보면, 힘든 일이 있더라도 내가 원하는 모습이 되기까지의 과정이라 생각되어 열심히 할 수 있을 거야.

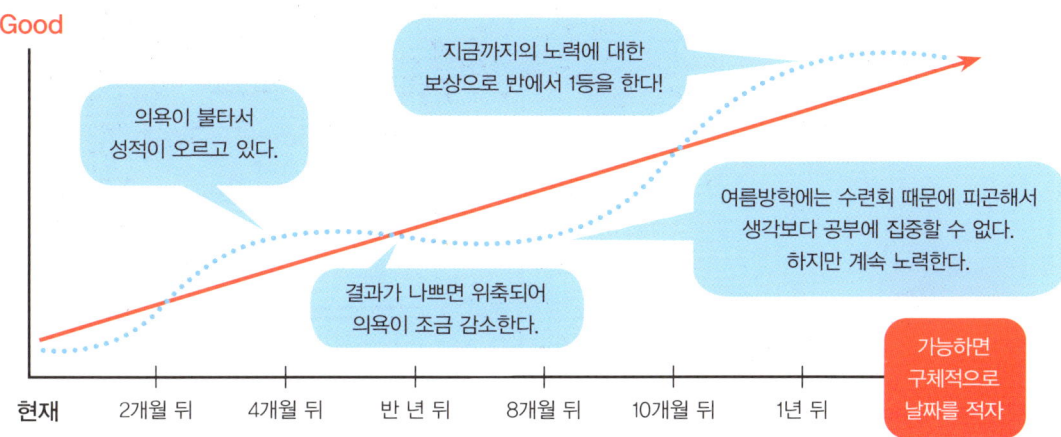

 **'나의 이야기'를 써 보자**

너의 목표에 다가가기 위한 일들을 오른쪽(미래)이 위로 올라가도록 적어 보자.

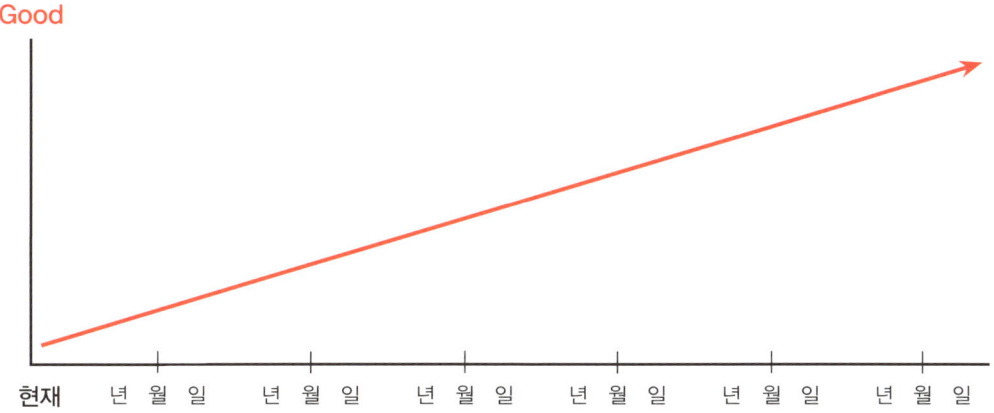

이유는 모르지만 ★★★ 짜증이 치밀어 오를 때

왠지 모르겠지만 친구에게도, 부모님에게도, 선생님에게도, 그 누구에게든 이유도 없이 계속 짜증이 솟구쳐 오른다. 에잇, 다 싫다!

이런 기분이 조금은 당황스럽지? 너는 지금 사춘기에 들어서고 있어. 지금까지 당연했던 것들을 더 이상 받아들일 수 없어지거나 어른의 간섭을 성가시게 생각하거나 주변을 자기 뜻대로 움직이고 싶어지지.

성장하면서 이런 변화가 생기는 것은 자연스러운 일이야. 호르몬에 변화가 생기면서 스스로의 힘으로 다스리기 벅찬 감정의 파도에 휩쓸리는 일도 있을지 몰라.

하지만 그런 감정을 있는 그대로 표출한다면 문제가 생길 수 있어. 다음 페이지의 연습을 한번 해 보자.

 **행복한 일을 기록하자**

울컥하고 짜증이 많이 나는 날에는 '좋은 일' '행복한 일'을 찾아서 적어 보자.

어떤 작은 일이라도 괜찮아. '멋진 자동차를 봤다'든지 '학교 가는 길에 신호등이 전부 초록색이었다'든지 '오늘 급식이 좋아하는 메뉴였다'같이 **사소한 일이라도 너를 행복하게 만들어 주는 일들**을 하나하나 적어 가자.

그러는 동안에 긍정적인 방향으로 마음을 돌리게 될 거야. 너의 하루하루가 아무 의미 없지 않다는 걸 느낄 수 있을 거야.

 **24시간 동안 화내지 말자**

기분과 관계없이 '오늘 하루는 어떤 일이 있어도 화를 내거나 다른 사람에게 화풀이를 하지 않겠다'고 정해 보자. 마음속에 어떤 분노가 생겨도 말투, 표정, 태도에 그걸 절대로 드러내지 않겠다고 결심하는 거야.

예를 들어 울컥하는 일이 생겨도 그 하루만은 상대방의 말을 듣고 받아들여 보자. 너의 태도와 말을 바꾸는 것만으로도 주변 사람들이 어떻게 다르게 반응하는지를 잘 관찰하고 변화를 느껴 보자.

가능하면 주변의 어른들에게도 **"오늘은 화내지 않는 날이에요"**라고 알리고 도움을 받자.

하루 동안 평온함을 유지하자.

화낼 때 단계별로 취하는 태도

39쪽에서 보았던 '화의 온도계'를 기억하니? 이번에는 화의 온도별로 네가 어떤 태도를 취하는지 적어 보자. 그러면 네가 화났을 때의 태도를 기준으로 '지금은 4도 정도?'라고 스스로 느낄 수 있어. 온도가 높을 때는 앞에서 배운 방법을 써서 **화의 온도를 1~2도라도 낮추도록 하자.**

화가 나는 데에는 일정한 폭이 있어. 조금씩 단계에 따라 화의 온도가 올라가거나 내려가는 것을 느껴 보자.

화의 온도별로 취하는 태도를 다 쓰고 나면 친구와 바꿔 보며 친구들의 태도와 비교해 보자. 아마도 친구의 온도별 태도는 너와 다른 부분이 많을 거야!

화 잘 내는 법 총 정리하기

6초

화날 때 쓰는 내 나름의 방법

화내고 싶을 때 기분을 가라앉히는 방법을 찾아보자!

화내고 싶을 때 먼저 어떻게 해야 하는지 기억하니? '6초를 기다린다'가 있었지.

여기서는 6초를 보내는 방법과 6초를 기다려도 기분이 가라앉지 않을 때 시도해 볼 수 있는 방법을 소개할 거야. 네 입장에서 어떤 것이 쉬운지 자꾸 시도해 보고 자신에게 맞는 방법을 찾아보자. '이거다!' 하는 방법을 찾으면 앞으로 네가 화났을 때 잊지 말고 계속 실천했으면 해.

 **손바닥에 써 보자**

화를 느꼈을 때 손가락을 연필 삼아서 **손바닥에 어떤 일이 일어났는지를 적어 봐.** 적다 보면 눈 깜짝할 사이에 6초가 지나 있을 거야!

화를 키우기 위해서가 아니라 마음을 가라앉히기 위해서니까 일어난 일을 천천히 적으면서 기분을 가라앉혀 봐.

6초가 지나고 나서 **기분이 가라앉은 다음에** 상대에게 하고 싶은 말을 하자.

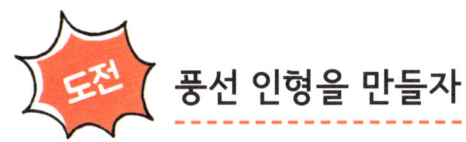 **풍선 인형을 만들자**

풍선을 이용해서 화났을 때 네 모습과 닮은 인형을 만들어 보자.

너의 풍선 인형은 무슨 색이니? 크기는 어느 정도야? 얼굴은 어떻지? 자유롭게 표현해 보자.

풍선을 불 때는 깊이 숨을 들이마시고 마지막 숨까지 다 뱉어 내. 화난 기분도 함께 내뱉는다는 느낌으로 있는 힘껏 풍선을 부풀리자.

인형을 다 만들면 매듭 가까이에 안전핀으로 구멍을 낸 뒤, 바람을 빼서 인형을 작게 만들자. 내 속에 있는 '화'가 나쁜 짓을 하려고 해도 거기에서 손을 떼면 괜찮아진다는 사실을 눈으로 보고 몸으로도 느껴 보자.

 **분노 괴물을 만들자**

화와 조바심은 눈에 보이지 않아서 조절하기가 어렵다고 생각할지 몰라. 네 속에 있는 화의 모습을 종이에 그려서 눈에 보이는 '분노 괴물'을 만들어 보자.

괴물의 색깔은 어떨까? 모양은? 크기는? 얼굴은 어떠니? 뾰족뾰족할까, 미끈할까? 온도는 어떨까? 뜨거울까, 차가울까? 또는 딱딱할까, 부드러울까? 가능한 한 구체적으로 분노 괴물을 그리자.

그린 괴물을 주변 사람들에게 보여 주고 왜 이런 모습으로 그렸는지 얘기해 보자. 그러는 사이에 화가 진정될 거야. 마지막에는 괴물을 구겨서 쓰레기통에 휙 던져 버리기!

39 기분을 안정시키는 물건들

언짢은 기분이 들 때
'이게 있으면 기분이 안정된다'고 생각하는 물건을 찾자!

초조하거나 불안해졌을 때 **마음을 차분하게 하는 데 도움이 되는 물건**이 있니? 어릴 때 마음에 들어 했던 수건이나 인형, 장난감이 있지 않았니? 낯선 장소를 가거나 모르는 사람과 있을 때 불안한 마음에 엄마 손을 놓지 않거나 그 물건을 꼭 쥐었던 경험은?

물론 너는 조금씩 성장하고 있으니까 언제까지고 '엄마 손을 잡은 채'로 있을 수는 없어. 마음에 드는 인형이랑 장난감을 학교에 가져갈 수도 없고.

"나를 어린애 취급하지 마!"라고 말하고 싶을지 모르지만 네 마음이 어느 날 갑자기 어른이 되는 것은 아니야. 불안하거나 초조할 때가 있어도 그것은 매우 자연스러운 일이지. 그런 때를 위해서 **네 기분을 안정시켜 주는 것, 위로가 된다고 생각되는 물건**을 미리 정해 두면 언젠가 도움을 받을 수 있어.

주변에 있는 물건 중에서 너의 마음을 안정시키는 것이 무엇일까? 만약에 아무것도 떠오르지 않는다면 이번 기회에 한번 찾아보자.

 **어릴 때 소중히 여겼던 물건을 떠올려 보자**

- ....
- ....
- ....

 **앞으로 나를 지켜 줄 물건을 찾아보자**

폭신폭신한 공

공을 꼬옥 쥐었다가 확 놓으면 왠지 초조함이 손바닥에서 빠져나가는 기분이 들어. 긴장했을 때 손으로 공을 굴리고 있으면 마음이 차분해질 거야.

행운의 물건

지니고 있으면 기분이 좋아지는 물건을 찾아보자. 화의 감정에 휘둘러서 나쁜 말이나 행동을 하지 않게끔 지켜 주는 느낌이 드는 물건 말이야.

사진

보고 있으면 마음이 푹 놓이거나 밝아지는 사진을 곁에 두고 피곤하거나 짜증이 날 때 바라보면 효과가 있어. 가족 사진이나 여행 갔을 때 본 아름다운 풍경 사진 같은 것도 좋아.

나를 지켜 줄 물건 :

감정을 나타내는 말들

너의 마음속에는 어떤 '기분'이 들어 있니?

앞에서 화를 내기 전에는 반드시 다른 기분이 있다는 것을 배웠어. 어른의 언어로 '마음의 소리'를 '감정'이라고 해. '감정'에는 '기쁘다'든지 '즐겁다'같이 행복한 것도 많이 있어.

자신의 감정에 눈뜨게 되면 다른 사람에게 기분을 전하는 것이 쉬워져. 생각 나는 대로 '감정'을 드러내는 단어를 많이 써 보자.

● 기분이 좋은 감정들

● 기분이 좋지 않은 감정들

 ## 감정을 나타내는 말을 찾아 설명해 보자

아래 표에서 기분이나 감정을 표현하는 단어를 한번 찾아보자. 찾은 단어에 대해 친구에게 설명해 보자.

즐	겁	다	●	▲	◆	★	●	◆	▲	★	●	▲
★	●	◆	▲	★	●	◆	▲	★	기	쁘	다	★	●
◆	▲	행	복	하	다	★	●	▲	◆	★	●	▲	◆
고	◆	▲	★	●	▲	◆	★	실	망	하	다	★	●
통	●	◆	▲	슬	프	다	●	◆	★	★	●	▲
스	▲	★	●	◆	무	섭	다	★	●	괴	롭	다	◆
럽	★	불	★	●	▲	★	▲	★	◆	▲	★
다	◆	쾌	◆	▲	★	◆	불	만	스	럽	다	●	◆
▲	●	하	●	◆	▲	★	안	▲	●	★	◆	▲
아	프	다	★	분	●	▲	하	●	▲	★	◆	▲	◆
▲	★	◆	▲	하	★	◆	다	▲	★	●	★	●
◆	▲	●	★	다	●	★	●	놀	▲	★	▲
★	●	◆	●	★	●	▲	◆	★	라	◆	▲	★	●
▲	◆	★	▲	◆	걱	정	스	럽	다	▲	●	★
★	▲	●	▲	●	▲	◆	★	●	▲	◆	▲
▲	●	★	◆	쓸	쓸	하	다	▲	★	◆	★	●	▲

> ★해답★
> 즐겁다 기쁘다 행복하다 실망하다 슬프다 무섭다 괴롭다 불만스럽다 불안하다 고통스럽다 불쾌하다 아프다 분하다 놀라다 걱정스럽다 쓸쓸하다

화내서 후회한 일들

1 화내고 실수했던 경험을 다른 사람들한테 들어 보세요

Q. 화내서 후회했던 일, 실수했던 일은?

예) "예전에 회사에서 부하 직원을 너무 엄하게 질책해서 나를 겁내는 바람에 분위기가 험악해진 적이 있었어."

- 네가 인터뷰한 내용

_____

예) "바쁠 때 네가 칭얼거려서 그만 소리를 지른 적이 있어. 언성을 높일 정도의 일은 아니었는데 하고 금방 후회했어."

- 네가 인터뷰한 내용

_____

예) "늘 나를 곤란하게 만들었던 학생이 장난을 쳤다고 생각해서 소리를 질렀는데 알고 보니 다른 학생이 범인이었어. 미안한 일을 했지."

- 네가 인터뷰한 내용

_____

2 나한테 일어났던 일도 적어 보세요

화를 내고 후회한 적이 있니? 네가 화를 내는 바람에 친구와의 관계가 깨졌다거나 엉뚱한 일이 벌어졌던 적은? 너의 실수에 대해 적어 보자.

- ....
- ....
- ....

다른 사람의 이야기를 들어 본 소감과 네 실수에서 배운 점을 자유롭게 적어 보자.

- ....
- ....
- ....

★ 하나 더 ★ 축구 선수의 이런 이야기

세계적으로 유명한 축구 선수가 월드컵 결승전에서 상대 팀 선수의 도발에 넘어가 머리로 그 선수를 들이받고 퇴장을 당했어. 그 팀은 우승 후보였지만 유감스럽게도 우승을 못 했고 머리를 들이받은 그 선수는 축하도 못 받은 채 은퇴하게 되었지. 상대방 탓이라고 해도 화를 나쁜 방식으로 표출하면 오히려 자신이 손해를 입게 된다는 걸 보여 주는 실례야.

42 화내서 잘 풀린 일들

1 화내서 도리어 잘 풀린 일을 다른 사람들한테 들어 보세요

Q. 화내기를 잘했다고 생각했던 일은?

예) "아들이 남에게 피해를 끼쳤을 때는 따끔하게 야단쳤어. 다행히 아들도 내 마음을 잘 이해했고 선생님과 어른들에게 칭찬 받을 만한 바른 태도를 갖게 된 것 같아."

- 네가 인터뷰한 내용

....

예) "열심히 만든 요리를 네 아빠가 맛이 없다고 쉽게 말하는 거야. 속상하다고 솔직하게 말해서 지금은 '고맙다'는 말을 먼저 듣는단다."

- 네가 인터뷰한 내용

....

예) "기분이 편치 않았지만 아이들을 위해서 계속 야단쳤더니 아이들이 숙제를 잊는 일이 줄었어."

- 네가 인터뷰한 내용

....

2 나한테 일어났던 일도 적어 보세요

화가 난 기분을 잘 전달해서 좋은 결과를 얻었거나 그 일을 계기로 열심히 노력해서 목표를 달성하는 등 화내기를 잘했다고 생각한 일을 적어 보자.

-
-
-

다른 사람의 이야기를 들어 본 소감과 네 경험에서 느낀 바를 자유롭게 적어 보자.

-
-
-

★ 하나 더 ★ 노벨상을 받은 박사 이야기

노벨상을 받은 한 박사가 "지금까지 나를 움직이게 한 것은 화다" "화가 모든 일의 동기가 되었다"라는 말을 했어. 이 사람은 젊었을 때 자신의 연구를 제대로 평가받지 못하고 직장에서도 심한 차별을 받았다고 해.
그런데 이 사람은 그저 화를 내고 말았던 게 아니라 똑똑하게 화내는 쪽을 선택했어. "내가 성공하지 않으면 사람들이 내 목소리를 들어 주지 않을 거야" "반드시 보여 줄 거야"라는 생각으로 계속 노력한 결과, 마침내 노벨상을 받고 성공할 수 있었지.

 화 잘 내는 법 퀴즈

이 책에서 배운 내용을 복습한다는 생각으로 다음 퀴즈에 답해 보자.
맞는 쪽에 동그라미를 치거나 ( ) 안에 답을 적어 보자.

1. '화'라는 감정을 느끼는 것은 나쁜 일일까?   나쁜 일 / 나쁜 일이 아니다

2. 화의 감정을 없애는 것이 가능할까?   가능하다 / 불가능하다

3. 화는 무엇 때문에 있을까?

　　a) 상대를 공격하기 위해　　b) 싸우기 위해　　c) 자신을 지키기 위해

4. 울컥할 때 하지 말아야 할 일은 무엇일까?

　　a) 바로 맞받아치면서 말한다　　b) 심호흡한다　　c) 그 자리를 잠시 떠난다

5. 바로 맞받아쳐서 말하거나 나쁜 태도를 보이지 않으려면 어떤 것을 하면 좋을까?
　　(　　　　　　　　　　　　　　　　　　　　　　　　　　　)

6. 너를 화나게 하는 가장 큰 원인은 무엇일까?   친구의 태도 / 자신의 믿음

7. 네 화를 조절할 수 있는 사람은 누구일까?

　　a) 부모님　　b) 너 자신　　c) 선생님

8. 네가 화낼 때 마음속에 어떤 기분이 숨어 있을까? 예를 들어 보자.
　　(　　　　　　　　　　　　　　　　　　　　　　　　　　　)

9. 친구에게 하고 싶은 말이 있을 때 주어를 누구로 해서 말해야 할까?   상대 / 나

10. 9번에 따라 다음 예문을 말로 한다면 어느 쪽이 정답일까?

　　a) 친구야, (너는) 내 지우개를 언제까지 쓸 거야?

　　b) (나는) 지금 지우개가 없으면 곤란하니까 돌려줄래?

11. 화났을 때의 행동으로 다음 중 어느 것이 좋을까?

　　a) 상대가 나쁘니까 공격하고 불평한다

　　b) 말해 봤자 이해해 주지 않을 거고 싸우고 싶지 않으니까 그냥 둔다

　　c) 자신의 생각을 말하고 상대의 말도 잘 들어서 서로 이해한다

12. 양쪽 모두 이기는 싸움을 뜻하는 말로, 친구와 싸움이 나더라도 기억해야 하는 것은?

　　(　　　　　　　　　　　　　　　　　　　　　　　　　　　　)

13. 화낼 때 지켜야 할 규칙 세 가지를 적어 보자

　　(　　　　　　　　　　　　　　　　　　　　　　　　　　　　)

14. 자신이 노력해도 바꿀 수 없는 일에 대해서 하지 않는 게 좋은 것은?

　　a) 받아들인다　　b) 싸운다　　c) 내버려 둔다

15. 화내고 싶을 때 열기를 가라앉히는 방법으로 다음 중 틀린 것은 무엇일까?

　　a) 심호흡을 한다　　b) 일단 그곳을 잠시 떠난다

　　c) 줄넘기를 한다　　d) 물건에 분풀이를 해서 후련해진다

★ 해답 ★

1. 나쁜 일이 아니다 / 2. 불가능하다 / 3. c / 4. a / 5. 답 예시 : 손바닥에 글씨를 쓴다, 심호흡을 한다, 주변 사물을 관찰한다, 마법의 주문을 외운다 등 / 6. 자신의 믿음　7. b
8. 답 예시 : 슬프다, 분하다, 무시당했다, 부끄럽다 등 / 9. 나 / 10. b　11. c　12. 윈-윈 (win-win) / 13. 사람에게 상처를 입히지 않는다, 자신에게 상처를 입히지 않는다, 물건을 부수지 않는다 / 14. b / 15. d

이 책을 함께 읽는 부모님이나 선생님에게

앵거 매니지먼트(Anger Management)는 1970년대에 미국에서 시작되었습니다. 미국에서는 앵거 매니지먼트를 아이들에게 필요한 훈련이라 인식하고 어릴 때부터 배워야 한다고 여깁니다. 앵거 매니지먼트의 목적은 크게 두 가지입니다.

- 인생의 선택을 스스로 책임질 수 있게 되는 것
- 건전한 인간관계를 만들어 훌륭한 사회의 일원이 되는 것

'선생님께 혼나고 할 마음이 사라졌다' '불평을 품고 화가 나서 노력하지 않게 되었다' '부모님에게 야단맞아 반항심에 일부러 다른 일을 했다'. 어렸을 때 여러분도 이런 경험을 해 보았을 것입니다.

아이들은 많은 가능성을 품고 있고 인생에서 여러 선택을 할 수 있습니다. 그런데 '화'라는 감정을 잘 다스리지 못하고 휘둘린 나머지, 잘할 수 있는 일을 중도에 그만두거나 억울함을 계기로 더 노력하는 게 아니라 자포자기하고 스스로의 가능성을 닫아 버리는 경우가 있습니다. 더 나아가 그 때문에 자신을 탓하거나 누군가에게 책임을 전가하는 등 인생에 도움이 되지 않을 선택을 하기도 합니다.

화의 감정과 대면하고 화를 잘 다루게 되면 자신의 감정과 선택에 스스로 책임을 질 수 있습니다. 자포자기하거나 누군가에게 책임을 떠넘기는 일도 없어집니다. 그 결과 고난에 지지 않고 자신의 목표를 향해 스스로 나아가는 인생을 걸을 수 있게 됩니다.

화의 감정은 인간관계에도 큰 영향을 줍니다. 인간관계를 파괴하는 대개의 것들이 화의 감정 때문에 생겨납니다. 우리 아이들은 앞으로 친구들, 부모님, 선생님, 선후배, 연인, 부부, 상사, 부하직원, 이웃 등 여러 사람과 관계를 구축해 가야 합니다. 그런데 이 과정에서 화의 감정과 잘 사귀지 못한다면 아주 사소한 일이 화근이 되어 건전한 인간관계를 만들지 못하게 됩니다.

이 책에 나온 내용을 통해서 화의 감정을 잘 조절하게 되면 사람에게 상처 입히거나 물건을 부수지 않고도 화를 잘 표현하고 의견을 전할 수 있습니다. 이처럼 감정을 잘 표현해야 사회에서 받아들여지고 건전한 사회생활을 하게 됩니다. 화에 휘둘리는 사람이 사회에서 괴롭고 힘든 위치에 놓이곤 한다는 것을 우리는 잘 알고 있습니다.

일본에서는 화를 다스리는 교육을 '감정 이해 교육'이라고 하고, 미국에서는 '심리 교육, 심리 훈련'이라고 합니다. 이 교육을 통해 아이들이 이론을 배우고 기술을 습득하고 반복 연습해서 화를 조절하는 법을 익혀 갑니다. 운동이나 요리를 배우듯이 반복함으로써 누구나 할 수 있습니다.

하지만 기술적인 측면도 있으므로 누구나 프로처럼 잘할 수 있게 된다고는 할 수 없습니다. 다만 야구라면 캐치볼 정도는 할 수 있게 되고, 요리라면 달걀을 깨는 정도는 할 수 있게 됩니다. 단순한 방법을 알고 있느냐 그렇지 않느냐에 큰 차이가 있는 것입니다.

이 책은 아이들이 화를 잘 내는 법을 터득하도록 쓰였습니다. 하지만 아이들이 화에 대해 배웠다고 해도 주변에 있는 어른이 화를 잘 조절하지 못해서 화에 지배당하고 있다면 어떨까요? 아이들의 본보기는 가까이에 있는 어른입니다. 부디 부모님이나 선생님들도 아이와 함께 이 책에 실린 내용을 실천해서 좋은 본보기가 되어 주셨으면 합니다.

이 책이 아이들이 화의 감정을 잘 다루는 계기가 되어 인생의 선택지와 가능성을 넓히게 된다면 기쁘겠습니다. 화를 잘 이해하고 실천할 수 있는 사람이 늘어나면 서로에게 화풀이를 하지 않는 건전한 사회를 만들 수 있습니다. 이 책을 읽은 아이들이 이끌어 갈 사회는 지금보다 멋질 거라고 믿습니다.

일본 앵거 매니지먼트 협회 대표 안도 순스케

각 장의 과제 및 목적

1장

1. 화가 난 상태를 안다 / 화가 중요한 기분의 하나라는 것을 이해한다
2. 나쁘다고 여기기 쉬운 화에 대해 생각한다 / 화내는 것이 나쁘지 않다는 것을 알게 된다
3. 문제가 되는 네 가지 화를 안다 / 문제가 되는 네 가지 화를 이해한다
4. 화의 성질을 안다 / 화의 성질에는 어떤 것이 있는지를 이해한다
5. 화의 구조를 안다 / 화가 순환하는 방식을 이해한다
6. 화를 조절하는 것은 누구인지를 생각한다 / 자기 자신이 화를 조절한다는 것을 이해한다

2장

7. 6초 법칙이 무엇인지를 안다 / 왜 6초 법칙이 필요한지를 배운다
8. 화났을 때 심호흡 등을 해 본다 / 화났을 때 기분을 가라앉히는 방법을 배운다
9. 그라운딩으로 집중해 본다 / 화났을 때 의식을 전환하는 방법을 배운다
10. 타임아웃하고 그 자리에서 떠난다 / 화났을 때 냉정해지는 방법을 배운다
11. 화에 점수를 매겨 본다 / 화를 객관적으로 수치화해서 인식하는 방법을 배운다
12. 마법 주문으로 화를 가라앉힌다 / 되받아서 화내지 않기 위한 훈련을 한다
13. 셀프 토크로 생각을 바꾼다 / 화내지 않고 넘어가는 사고방식을 배운다

3장

14. 화의 원인이 '~여야만 한다'라는 것을 안다 / 화의 원인을 찾는 훈련을 한다
15. 사고방식에 따라 화내지 않고 넘어갈 수 있다는 것을 안다 / 허용하는 범위를 넓히는 훈련을 한다
16. 화났을 때 화에 대해 기록한다 / 화를 기록하고 객관적으로 자신의 화를 안다
17. 화났을 때 바꾸어야 하는 점을 쓴다 / 바꾸어야 하는 점을 쓰고 어떻게 되고 싶은가를 생각한다
18. 자신의 '~여야만 한다'를 적어 본다 / 자신의 '~여야만 한다'를 안다
19. 4개의 상자를 써서 대처법을 배운다 / 자신의 문제를 4개의 상자에 적용해서 생각한다
20. 자신의 '~여야만 한다'를 타인의 '~여야만 한다'로 관심을 돌린다 / 다른 사람의 입장에서 '~여야만 한다'를 생각한다.
21. 자신의 '~여야만 한다'를 느슨하게 바꾼다 / '~여야만 한다'를 고쳐서 적고 짜증을 줄이는 연습을 해 본다

4장

22. 화낼 때의 규칙과 그 의미를 안다 / 규칙을 지킬 수 있게끔 기억한다
23. 화낼 때 소용없는 말이 무엇인지 안다 / 도움이 안 되는 방식을 피한다
24. 화낼 때 자신의 태도를 안다 / 화낼 때 어떻게 하면 자신의 마음을 전하기 쉬운지를 배운다
25. 화낼 때 주어를 살펴본다 / '나 메시지'의 화법을 배운다
26. 화를 폭발시켰을 때 어떻게 되는지를 생각한다 / 화를 폭발시키지 않는 방법을 배운다
27. 자신의 마음에 눈을 돌리고 그 마음을 전하는 방법을 안다 / '나 메시지'를 쓰도록 한다
28. 기분으로 화를 내지 않도록 한다 / 화난 이유를 확인하고 그것을 상대에게 전하는 연습을 한다
29. 싸움의 목적을 생각한다 / 윈-윈의 자세와 마음가짐을 갖는다

5장

30. '바꿀 수 있는 일'에 대한 대처법을 안다 / 구체적인 접근법을 배운다
31. '바꿀 수 없는 일'에 대한 대처법을 안다 / 구체적인 대처법을 배운다
32. 불안함에 대해 쓴다 / 불안함을 가라앉히는 방법을 배운다
33. 플레이 롤로 이상적인 롤모델을 안다 / 플레이 롤의 방법을 배운다
34. 다르게 행동하기를 해 본다 / 평상시와 다른 방법을 시도해 본다
35. 자기주장의 태도와 그 결과를 생각한다 / 자신의 언동에서 결과를 추측할 수 있게 된다
36. 나의 이야기를 써 본다 / 자신의 미래를 상상하는 훈련을 한다
37. 긍정적인 생각을 갖도록 만든다 / 일상의 좋은 면에 눈을 돌리도록 한다

6장

38. 화를 가라앉히는 몇몇 방법을 배운다 / 자신에게 맞는 기술을 발견한다
39. 자신이 차분해질 수 있는 것을 찾는다 / 언제라도 안심 상태가 되기 위해 도움이 되는 것을 찾는다
40. 감정의 어휘를 늘린다 / 자신의 기분을 전하는 수단인 어휘를 늘린다
41. 화내는 것이 어떤 후회로 이어지는지를 생각한다 / 화의 불이익에 대해 인식한다
42. 화를 잘 다루는 것에 대해 생각한다 / 화의 감정이 가져오는 장점을 의식한다
43. 이 책의 총 복습으로 퀴즈에 답한다 / 배운 것을 확인한다

• 1~10, 14~18, 24~26, 32~34 : 나가나와 후미코 집필 / 11~13, 19~23, 27~31, 35~43 : 시노 마키 집필